“……っていうかさぁ
俺の霊言
マジで出すの？”

Kimura Takuya

俳優・木村拓哉の守護霊トーク

公開霊言シリーズ

「俺《オレ》が時代《トレンド》を創る理由《わけ》」

大川隆法
Ryuho Okawa

本霊言は、2014年3月21日、幸福の科学総合本部にて、
質問者との対話形式で公開収録された(写真上・下)。

まえがき

歌手・タレント・俳優と二十数年トップスターの座を守りながらキムタク流で貫いている人の守護霊トークである。やはり成功している人の秘密を探るのは楽しい。

また新しいテレビドラマも始まるというので、最近、十年余り前の〝HERO〟のテレビドラマ版を見直してみた。ダウンコートのイメージが当時とは変わっているが、「ダウン」に「通販」という異色の検事役は、今見てもまだまだ面白い。

このさりげない自然流の中にトップスターの意地を感じる。伝説的な高視聴率男ではあるものの、最近では少し嫌がる人が増える傾向も出ているという。たぶん四十歳を超えた年齢と、若者らしい反骨心《はんこつしん》との両立、共存が難しくはなっているのだろう。さてこれから、重厚で複雑な役を演じられる木村拓哉さんを見ることができるのか、それとも、恋愛の似合う二枚目俳優のままで「自然流」「天然流」を貫くキムタクを見続けられるのか、楽しみである。

二〇一四年　六月二十四日

幸福《こうふく》の科学《かがく》グループ創始者兼総裁《そうししゃけんそうさい》　大川隆法《おおかわりゅうほう》

俳優・木村拓哉の守護霊トーク「俺が時代を創る理由」　目次

まえがき　1

俳優・木村拓哉《きむらたくや》の守護霊《しゅごれい》トーク
「俺《オレ》が時代《トレンド》を創る理由《わけ》」

二〇一四年三月二十一日　収録
東京都・幸福の科学総合本部にて

「霊言現象《れいげん》」とは、あの世の霊存在の言葉を語り下ろす現象のことをいう。これは高度な悟《さと》りを開いた者に特有のものであり、「霊媒現象《れいばい》」（トランス状態になって意識を失い、霊が一方的にしゃべる現象）とは異なる。外国人霊の霊言の場合には、霊言現象を行う者の言語中枢《ちゅうすう》から、必要な言葉を選び出し、日本語で語ることも可能である。

また、人間の魂《たましい》は原則として六人のグループからなり、あの世に残っている「魂の兄弟」の一人が守護霊《しゅごれい》を務めている。つまり、守護霊は、実は自分自身の魂の一部である。したがって、「守護霊の霊言」とは、いわば本人の潜在《せんざい》意識にアクセスしたものであり、その内容は、その人が潜在意識で考えていること（本心）と考えてよい。

なお、「霊言」は、あくまでも霊人の意見であり、幸福の科学グループとしての見解と矛盾《むじゅん》する内容を含《ふく》む場合がある点、付記しておきたい。

俳優・木村拓哉《きむらたくや》の守護霊《しゅごれい》トーク

「俺《オレ》が時代《トレンド》を創る理由《わけ》」

二〇一四年三月二十一日　収録
東京都・幸福の科学総合本部にて

木村拓哉《きむらたくや》（一九七二～）

東京都出身。ジャニーズ事務所所属。一九八七年から芸能活動を始める。男性五人のアイドルグループ・SMAP《スマップ》のメンバーであり、歌手としての活動のほか、俳優としてもドラマや映画で活躍《かつやく》。また、「キムタク」の愛称《あいしょう》で人気があり、出演したドラマ「ロングバケーション」「HERO《ヒーロー》」等は三十パーセント台の高視聴率《しちょうりつ》を記録した。

質問者　竹内久顕《たけうちひさあき》（幸福の科学宗務《しゅうむ》本部第二秘書局局長代理）

南無原《なむはら》みろく（幸福の科学理事 兼《けん》 青年局長）

三宅亮暢《みやけあきのぶ》（幸福の科学理事 兼 メディア文化事業局長）

［質問順。役職は収録時点のもの］

1　26年間トップスターの座にいる「キムタク」の守護霊《しゅごれい》が登場

多くのニーズがある、「超《ちょう》一流」スターの守護霊霊言《しゅごれいれいげん》

大川隆法　先般《せんぱん》、東京正心館《しょうしんかん》（幸福の科学の研修施設《しせつ》）での法話《ほうわ》（二〇一四年三月十五日「驚異《きょうい》のリバウンド力」）のあと、希望する説法《せっぽう》をアンケートに書いてもらったのですが、「木村拓哉《きむらたくや》の守護霊霊言《しゅごれいれいげん》も出してほしい」というニーズがありました。やはり、人気が高いようです。

他宗教と関係があるという説も強いので、やや遠慮《えんりょ》していたのですが、〝アーティスト〟という面からいえば、別に気にしなくてもいいのかなとも考えます。

一九八八年にＳＭＡＰ《スマップ》を結成してから、まだ現役《げんえき》で活動していますので、もう二十六年になるでしょうか。幸福の科学（一九八六年発足）に少し足りない程度の長さなので、トップスターでそのくらい活躍《かつやく》しているのは、「一流」を超《こ》えて「超《ちょう》一流」の領域まで入っているかと思います。

また、ＳＭＡＰのメンバーは、歌手にも主役にもなれるという〝素材のよさ〟を出しているようです。

そのなかでも木村拓哉さんは、かなり人気も高く、それなりに異彩《いさい》を放っているのではないでしょうか。

そういう意味では、当会としても、これから芸能系の分野を開拓するに当たって、どのようなお考えをお持ちなのかを伺《うかが》ってみて、参考にさせていただきたいと思います。

ドラマ「宮本武蔵《みやもとむさし》」を観《み》て感じた、キムタク流の演技

大川隆法　先日、テレビ朝日開局五十五周年記念番組として、「宮本武蔵《みやもとむさし》」を放映していました（二〇一四年三月十五～十六日）。

彼に宮本武蔵を演じさせるのは、なかなか奇抜《きばつ》な案ではあったかもしれません。

なお、原作（吉川英治《よしかわえいじ》著・一九三五～三九年の新聞小説）がやや古いので、ドラマとしては、いろいろな配役の設定や場面設定が、パンパンと〝飛んでいく〟雰囲気《ふんいき》がありました。それは、ちょうど舞台《ぶたい》で劇をしているような感じに見えたのです。私の子供時代にも、同じ原作のテレビドラマは幾《いく》つかあったのですけれども、そのあたりの時代性は、少し感じました。

ただ、けっこう厳しい面もあったように思います。キムタクで「武蔵」ができるのかなと思って観《み》ていたのですが、最後まで、キムタクはキムタクのままでし

た（笑）。

一流のスターを集めていましたし、ほかの人が、その役柄《やくがら》に〝化《ば》けよう〟と頑張《がんば》っているのですが、そのなかで、彼は彼のままであり、武蔵のほうを自分のなかに吸い込《こ》んでいるような感じに見えました。いつもそんな感じですが、彼は彼のままなのです。

役柄を演じるよりも、役柄を自分自身に吸い込んでしまって、そのままで様《さま》になるようなところがあるという気がします。

去年は、ドラマ「安堂《あんどう》ロイド」で、「ロイド眼鏡《めがね》」をかなり売った実績がありまして、私まで買ってしまいました（会場笑）（笑）。

ロボットのような役を演じていたものの、演技力が必要なのか、必要でないのか分からないような、実に変わったドラマであって、やや厳しかったのではないかと思います。

ただ、「安堂ロイド」を演じたり、「武蔵」を演じたりして、新境地を開拓しようとしているのかもしれません。

なお、二〇一〇年には、「宇宙戦艦《せんかん》ヤマト」の実写版映画（「SPACE BATTLESHIP ヤマト」）で、主人公の古代進《こだいすすむ》を演じており、それはそれなりに様《さま》になっていました。

世間《せけん》に大きな影響《えいきょう》を与《あた》える秘密はどこにあるのか

大川隆法　それから、旧《ふる》いところでは、ドラマ「HERO《ヒーロー》」（二〇〇一年）で、石垣島《いしがきじま》に飛ばされた検事の役もしていました。今、人気があるスポットですので、「飛ばされて」と言ったらいけないのかもしれませんが、石垣島に異動になって（笑）、することがないので、石鯛《いしだい》か何かを釣《つ》っている、暇《ひま》な検事の役を演じていたことがあると思います。ただ、石垣島周辺は今はなかなか忙《いそが》しくて、警備もしなければいけないので、ゆっくりと鯛など釣ってはいられないとは思いますが。

私の家内《かない》も、「ドラマ『ＨＥＲＯ』で検事役を演じるキムタクを観て、大学は法学部に決めた」とか言っているので、ザッとはしていますが（笑）、かなり「影響力《えいきょうりょく》」があるようではあります。

そうした影響力というか、トレンドをつくっていく力のようなものがあるので、「哲学《てつがく》」と言ったら大げさですが、何らかのフィロソフィーをお持ちなのではないでしょうか。

そこで、工夫《くふう》しているところや考えていることなど、いろいろなことを、ざっくばらんに訊《き》いてみて、思わぬ発見があればよいのではないかと考えています。

年月を重ねてトップであり続けるのは至難《しなん》の業《わざ》

大川隆法　先日、菅野美穂《かんのみほ》さんの守護霊霊言も収録しましたが（『魅《み》せる技術

──女優・菅野美穂 守護霊メッセージ──』〔幸福の科学出版刊〕参照）、そのなかで扱《あつか》った「モロッコ紀行」は再放送されると聞いています。その霊言集を読んだことで、番組を見逃《みのが》した人のために、慌《あわ》てて、もう一回放映するようですので（笑）、意外に幸福の科学の情報も、〝格付け機関〟のようになってきつつあるのかもしれません。

私が取り上げるということは、一定の評価をしており、政財界、芸能界、スポーツ界を問わず、いろいろな業界の人の格を判定しているようにも見えるのでしょう。一部、そのような機能を果たし始めたようですし、経営者についても格付けをしているところがあります。

木村拓哉さんは、タレントというか、歌手や俳優としては、超一流の領域まで入り込んでいると思いますし、二十六年間もトップスターであり続けるというのは、そうとうの難しさです。

私たちのような宗教家でも、これだけの年数、活動していると、だいぶ消えて淘汰《とうた》されてきたものもあります。八〇年代に起きた宗教でも、逮捕《たいほ》されたり、解散を命じられたりして、消えていったところが数多くあり、そのなかで生き残るのは大変なことなのです。

いずれにせよ、芸能界でも毎年、一万人ぐらいがスターを目指していると言われていますので、生き残るのは、そう簡単なことではないでしょう。ある意味では、イチロー選手や松井秀喜《まついひでき》さんのように厳しい競争のなかで生き延びているのだろうと思います。

そのあたりの秘密を、今日は聞き出せたらよいと考えています。

トップスター・木村拓哉の守護霊を招霊《しょうれい》する

大川隆法　（手元の資料を見ながら）木村拓哉さんの出演した番組とか映画とか、

いろいろ書いてくれてあるのですが、私もそんなに、たくさんは観ておりません（笑）。ただ、八つか、九つは観ているかもしれないので、多少、分かる面もあります。なお、分からない面については、そちら（質問者）で解説も踏《ふ》まえながら質問してくれたほうがよいかもしれません。

あまり前置きが長くなってもいけないので、率直《そっちょく》なところを、いろいろ訊いてみようかと思います。

この人も、ざっくばらんなところがあって、地《じ》でやって〝絵になる方〟というか、〝劇になっている方〟なのかと思います。

そのへんの秘密、「ああ、このあたりがヒットや人気の理由なのだなあ」というものを、上手に引っ張り出せたら、成功かと考えます。

それでは、呼んでみます。

タレント、歌手、俳優等で、二十六年の長きにわたってトップスターを続けている木村拓哉さんの守護霊をお呼びして、そのご本心に迫《せま》りたいと思います。

多くの人たちを喜ばせる、そうしたエンターテイナー、あるいは、アーティストとしての仕事ぶりについて、純粋《じゅんすい》に関心を持っている者として、そのお考え等を伺えれば幸いかと存じます。

木村拓哉さんの守護霊よ。

どうか、幸福の科学総合本部に降りたまいて、その本心を語りたまえ。

（約五秒間の沈黙《ちんもく》）

2 「演技が下手なところ」がキムタク流？

若手男性タレントの守護霊と「バトル」していたキムタク守護霊

竹内　おはようございます。

木村拓哉守護霊　うーん……。

竹内　木村拓哉さんの守護霊でいらっしゃいますでしょうか。

木村拓哉守護霊　ということになるんだけども、うーん、まずいとこ来ちゃったかな。

竹内　いいえ。菅野美穂《かんのみほ》さんや堺雅人《さかいまさと》さん等、芸能界の方の守護霊が数々来られています（『魅《み》せる技術―女優・菅野美穂　守護霊メッセージ―』〔前掲《ぜんけい》〕、『堺雅人の守護霊が語る　誰《だれ》も知らない「人気絶頂男の秘密」』〔幸福の科学出版刊〕参照）。

今日は、ようこそ、総合本部にお越《こ》しくださいまして、ありがとうございます。

木村拓哉守護霊　ううーん。まあ、ちょっとね、裏でバトルはあったんだけどね。

『堺雅人の守護霊が語る　誰も知らない「人気絶頂男の秘密」』（幸福の科学出版）

『魅せる技術―女優・菅野美穂　守護霊メッセージ―』（幸福の科学出版）

竹内　あ、そうですか（笑）。

木村拓哉守護霊　昨日、俺《オレ》が呼ばれるか、あと、十（歳）ぐらい下で、ちょっと今、売り込《こ》み中のねえ……。

竹内　●岡田《おかだ》（准一《じゅんいち》）さんですか。

木村拓哉守護霊　あ、いや、岡田もまあ、ちょっと気にはなるけれども、あっちは、少しまだガードが固いからさあ、出しにくいんだけど、ちょっとねえ、「抱《だ》きしめたい」（映画・二〇一四年公開）とか、ああいうのに出てる人がいるじゃないの？

●岡田准一　男性アイドルグループ・Ｖ６のメンバー。俳優としても活躍し、主演した映画「永遠の０」（2013年公開）は大ヒットした。2014年５月13日、「『人間力の鍛え方』－俳優 岡田准一守護霊インタビュー－」を収録。

竹内　あ、錦戸亮《にしきどりょう》さんですか。関《かん》ジャニ∞《エイト》の方ですね。

木村拓哉守護霊　そう。錦戸亮さんねえ。あの人の守護霊が、出たがっててさあ……。

竹内　あっ、そうなんですか（笑）。

木村拓哉守護霊　「キムタクの時代はもう終わったから、俺のほうを売り出したほうが得になる」って言ってね。「幸福の科学としては、やっぱり、新しいスターのほうに脚光《きゃっこう》を浴びせて売り出したほうが、値打ちがあるし、もう、（キムタクは）終わってるからいい」って、（霊言《れいげん》に先に出る順をめぐって）かなり激しく、今週〝バトって〟たのよ。

竹内　あ、そうですか（笑）。

木村拓哉守護霊　なんか、一晩《ひとばん》、（バトル）して、明け方に決着がついたんで。

竹内　あ、そうですか。

木村拓哉守護霊　やっぱり、あっちを先に出したら、俺が出られないという……。

竹内　いや、やはり、キムタクを先にやらなければいけないと思います。

木村拓哉守護霊　そうなんだよ。俺を先にやらないと、あっちを先に出されたら、やっぱり出られないじゃない。ねえ？

俳優・木村拓哉は、なぜ魅力的《みりょく》なのか

竹内　キムタクといえば、九〇年代の「ロンバケ」（ロングバケーション）のころから、ドラマはずっと高視聴率《しちょうりつ》ですし、映画も、「SPACE BATTLESHIP ヤマト」「武士の一分《いちぶん》」ともヒットしました。また、ＣＤを出せばミリオンセラーです。

木村拓哉守護霊　うーん、そうなのよ。

竹内　それから、「ＳＭＡＰ×ＳＭＡＰ」という番組では、（ペットの）「Ｐ《ピー》ちゃ

ん」という、かわいいキャラを演じるなど、バラエティーもやり、もう数々の活動をして、多くの支持を集めてこられました。

今日は、木村さんの、そうしたトレンドをつくることができる理由や、秘密に迫《せま》っていきたいと思います。

木村拓哉守護霊　いやあ。それは分からんなあ。教えてほしいわ。だから、話をして、「ああ、ここですね」と言ってくれれば、「ああ、なるほど。そこなんだ」と、まあ、メモは書かないけども……。

竹内　分かりました。ではまず、具体的にいきますと、私自身のストーリーになってしまうのですが……。

木村拓哉守護霊　あ、君、スターを目指してるの？

竹内　いや。目指してはいないのですけれども（笑）（会場笑）……。

木村拓哉守護霊　（竹内のネクタイを指さして）あ、ピンクなんかしてぇ。宗教では駄目《だめ》でしょう？　そんなの。

竹内　もちろん、これは、Ｐちゃんに合わせてきました。

木村拓哉守護霊　やっぱり真っ黒だよ。黒でなきゃ駄目だよ（会場笑）。

竹内　（笑）私、高校時代に理系だったのですが、どこの大学へ行くかを決めなくてはいけないときに……。
木村拓哉守護霊　大学に行かないで、スターを目指して、オーディションを受けるべきだよ。
竹内　（笑）そのときに、「協奏曲《きょうそうきょく》」（一九九六年）という、田村正和《たむらまさかず》さんと木村拓哉さんの共演ドラマを観《み》て、その建築家の姿にすごく憧《あこが》れ、「大学は建築学科に行こう」と思ったんですよ。
木村拓哉守護霊　おお。
竹内　ただ、入ってみたら、想像していたものとは違《ちが》っていたのですけれども、木村さんの、建築家を演じている姿に、すごく憧れて……。

木村拓哉守護霊　もう、何でもやるからねえ。

竹内　ええ。それで、私が「やはり、すごいなあ」と思ったところがありまして、それは、私以外にも、そう感じた方々がいるかもしれませんが、「木村さんの演技には、青年の心に、自分の理想像のようなものを見せる力があったなあ」と思うのです。

木村拓哉守護霊　もう、君、道を間違えたなあ。建築学科が宗教に来るのは、ちょっと間違いでないか。

竹内　そうですかねえ？

木村拓哉守護霊　うーん。

竹内　（笑）（会場笑）はい。

木村拓哉守護霊　まあ、何しろ、俺もいろいろな役をするから、それに責任が生じるのは分かるけどさあ、俺がうどん屋をやってたら、うどん屋に就職か？

竹内　かもしれないです、もしかしたら（笑）。ですから、「木村さんには、いろいろな方々の理想像になる力がある」と思うんですよ。なぜ、そうした魅力《みりょく》を出せるのかを知りたいのですが。

木村拓哉守護霊　分からないねえ。全然、分からない。

あのねえ、歌手なんだよな。もともと歌手だからさあ、歌手で名前が売れて、いちおう、それで視聴率が取れるから、俳優に使ってもらったりしてるんだと思うんだ。

だから、演技なんか、全然できはしないので、全部、地《じ》のままでやってる。

それが、俳優で、配役になり切ろうと思ってる人から見ると、本当は素人《しろうと》っぽいのが、何だか、ニューエイジっぽい、宗教みたいな雰囲気《ふんいき》の、変わった感じに見えてるんじゃないの？

だから、検事をやっても、検事っぽくない検事をやるとかさあ。宮本武蔵《みやもとむさし》をやっても、「嘘《うそ》でしょう？　これ」っていうような感じの、そういうところが受けてるんじゃないかなあ。

「キムタク流」演技の秘訣《ひけつ》とは

竹内　その「キムタク流」というのは、どのようなものと、ご自身では感じていらっしゃるのですか。

木村拓哉守護霊　まあ、演技が下手なところだね、はっきり言って。

竹内　そうでしょうかね。

木村拓哉守護霊　演技が下手で、もう諦《あきら》め切ってるんだよ。諦め切ってんだ。もう、「どうせ無理だから、地でやったろう」と思ってる、そこのところの開き直りだと思うんだよな。その開き直りに、共感する人が多いんだと思うなあ。

竹内　例えば「宮本武蔵」もそうですが、その役の個性を吸収するぐらい、魂《たましい》というか、木村拓哉さん自身の力が強くて、普通《ふつう》、そのようにした場合は、演技として魅力がないのですけれども、逆に、「キムタク流」に吸収したほうが、魅力が出ていると思うんですよ。

木村拓哉守護霊　おっかしいな。俺ねえ、それ、苦手《にがて》なんだよ。世の中のこと、全然、分かんないでしょう？

だからさあ、「エリート銀行員で、誰かさんみたいな役をやれ」ったって、俺なんかには無理だけど、「総理大臣ならできるかなあ」っていうような、そんな感じなんですよねえ。

「宮本武蔵」
吉川英治の同名小説を木村拓哉主演でドラマ化。
2014年3月15日・16日と二夜連続で放送された。

「演技が下手で、もう諦《あきら》め切ってるんだよ。
諦め切ってんだ。もう、「どうせ無理だから、
地でやったろう」と思ってる、
そこのところの開き直りだと思うんだよな。
その開き直りに、
共感する人が多いんだと思うなあ。」

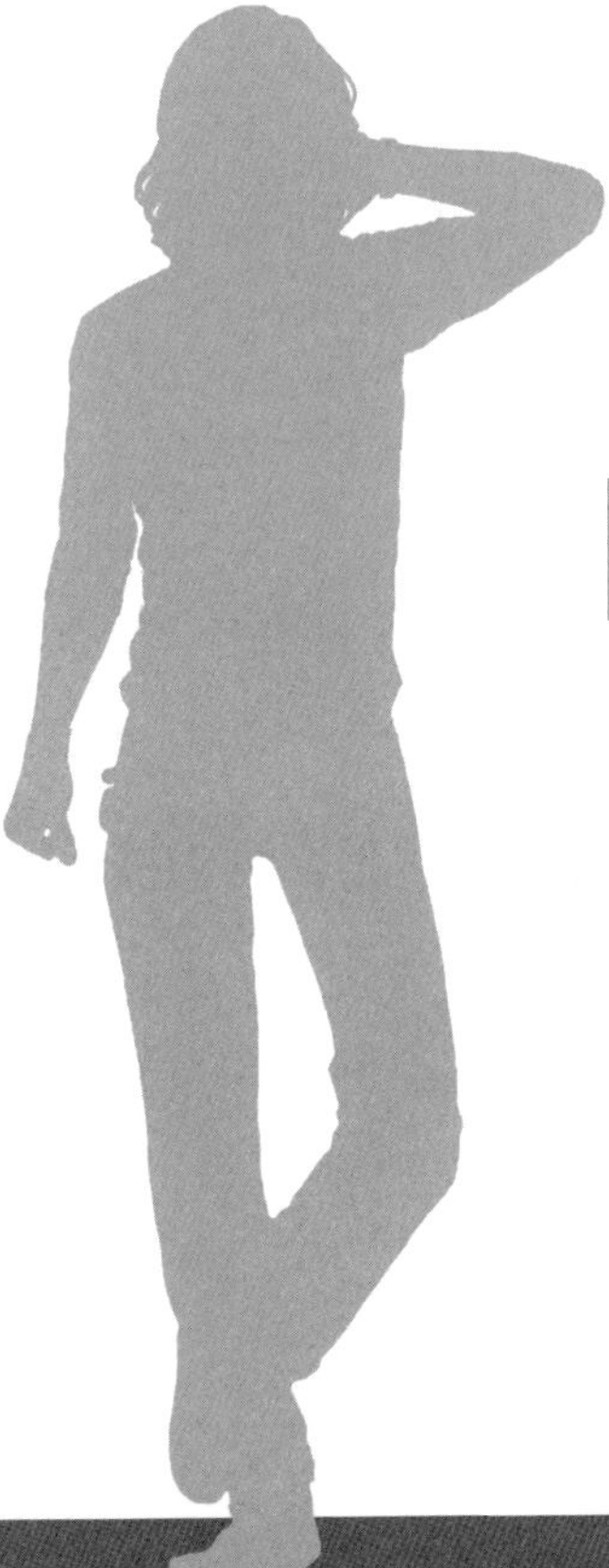

竹内　されてますよねえ。

木村拓哉守護霊　だからねえ、よく知らん世界のことは、よくできないんだ。検事だって、本当は分かりゃしねえからさあ。「検事の仕事なんか分かりゃあしねえから、遊ぶほうだったらできる。遊ぶ検事なんて、みんな観たことがないから珍《めずら》しい」と。まあ、こんな感じなんだよなあ。

竹内　でも、「CHANGE《チェンジ》」（二〇〇八年）というドラマで、総理大臣の役をされたときも、二十分近くの長台詞《ながぜりふ》を語られました。あれは、もう、プロでないとできないレベルだと思うのですけれども……。

木村拓哉守護霊　ええ。そりゃあ、食っていくためにはさあ、みんな、しかたないじゃない？　それは、やらないといかんこともあるさ。でも、どこかに、それはねえ、きちんとアンチョコはあるかもしれないからねえ。

竹内　アンチョコがあるんですか（笑）。

木村拓哉守護霊　それは、あるかもしれないじゃないの？　ちょっと、耳の後ろから、言葉が聞こえてるとかさあ、あるかもしれない。

いちばん似合う役は「ラーメン屋の兄ちゃん」？

竹内　木村さんが演技をするときの心構えについて、お伺《うかが》いしたいのですけれども、今、「〝素《す》〟で」ということをおっしゃっていたのですが、「素」のなかにも、深い意味合いが込められていると思うのです。

木村拓哉守護霊　うん。そうだねえ、まあ、素でない面も、それはあるよぉ。最近だったら、「安堂《あんどう》ロイド」も、そらあ、「ロボット」っていうのは素ではないけどね（笑）。さっすがに、素ではできねえわなあ。

ああいう、「人間でない役をやる」っていうのは、ちょっと珍しいが、あれはきつかったな。失敗作かもしらん、もしかしたら。失敗作だったかもしらんけども、まあ、「俺にやらせたら、失敗作でも、何とか採算がとれる」っていうとこが、いいとこなんだろうねえ。

だから、実際、いちばん似合うのは何かっていうと、やっぱり、「ラーメン屋の兄ちゃんみたいなのが、いちばん似合う」と思うんだ、やらせると。

竹内　なぜですか？

木村拓哉守護霊　頭に、こう、ちょっと白いのをかぶって、何か、前に汚《よご》れたエプロンをかけて、ラーメンでもつくってる、あのあたりが、いちばん配役としては似合うと思うな。

適度に知性もなく、適度に労働者として耐久力《たいきゅうりょく》があって、汚い職場でもゴキブリのように這《は》いながら生きている、あの感じが合ってると思うなあ。

だけど、フランス料理のシェフとかだったら、ちょっと肩凝《かたこ》っちゃうなあ、本当はね。

竹内　何か、一生懸命《いっしょうけんめい》、謙遜《けんそん》されているのですけれども……。

木村拓哉守護霊　謙遜なんか、全然してないですよ。全然してないです。

ここは格が高くって、もう、本当に、こう（床を指さして）、ベルサイユ宮殿《きゅうでん》のような絨毯《じゅうたん》を敷《し》いてるじゃない？（会場笑）もう、とっても緊張《きんちょう》してるんだからさ。

竹内　あ、そうですか。

木村拓哉守護霊　こんなね、ベルサイユ宮殿のような、ほんの十万円ぐらいの絨毯を敷いてるって、すごいんじゃないですか（会場笑）。

3　「安くて高そうに見える」が人気の秘密

大川隆法の「ジーンズ姿」に〝グレーム〟をつけるキムタク守護霊

南無原　本日は、お話をお伺《うかが》いできて、本当に光栄に思っています。

木村拓哉守護霊　いえ。こちらこそ光栄ですぅ。

南無原　本当に、老若男女《ろうにゃくなんにょ》に大人気の木村さんで、私も……。

木村拓哉守護霊　そうなの？

南無原　はい。

木村拓哉守護霊　俺《オレ》、全然気にしてないから、分かんないよぉ。

南無原　そうです。そういう感じもすごくうけます。

木村拓哉守護霊　「高視聴率《しちょうりつ》」っていって、バッとつかんで言われるだけで、何だか、よく分かんないんですよね。

南無原　今日は、すごく楽しみにしています。

木村拓哉守護霊　ああ、そう？　ちょっと、君、胸が開きすぎてますよ。それは、クリップで一つ留《と》めないと、宗教ではちょっとNGだね。

南無原　あ、クリップで。あ、自由な宗教なので……（会場笑）。

木村拓哉守護霊　ああ、そう。一つ留めないと、やっぱり駄目《だめ》だね。開けるなら、全部開けなきゃ駄目だな。

南無原　あ、全部……。

木村拓哉守護霊　どっちかだな。やっぱり、「中途半端《ちゅうとはんぱ》」をやったら、人気が出ないんだよ。

南無原　やはり、木村さんは、ベストジーニストとしても……。

木村拓哉守護霊　そうなのよ。

南無原　殿堂《でんどう》入りされて、今日も、きっと素敵《すてき》なデニムをお召《め》しだと思うのですけれども……。

木村拓哉守護霊　勘弁《かんべん》……。いや、申し訳ないと思うけどね、（大川隆法の服装を見ながら）何で俺だったら、ジーパンになるわけよぉ。

南無原　いやいやいや。「ベストジーニストとして殿堂入りする」というのは、すごくて。

木村拓哉守護霊　こういうのはねえ、ないでしょう？　ほかの人には。だから、これ、〝格下げされた労働者階級〟として見なされる。

南無原　現代では、すごくおしゃれだと思うのですけど……。

木村拓哉守護霊　そうかなあ。（左右の股《もも》を手でさすりながら）いや、それなら、もちろん、穴、開けなきゃいけないじゃん、ここは。

南無原　そうですね。

俳優・木村拓哉は「スワロフスキー」？

南無原　木村さんは、「自分に合ったスタイルの選び方」というものを、人にも指摘《してき》できるぐらい、すごくセンスがいいと思いますし、ご自身の魅力《みりょく》も、すごくご存じだと思うのですが、そうした、「自分に合ったファッションやスタイルの選び方」というのは、どのようにされているのでしょうか。

木村拓哉守護霊　何だろうねえ。まあ、普通《ふつう》の人がやると、例えば、「通販《つうはん》のやつを使って、なんかやってる」なんていうのは、かっこ悪い感じだろうと思うんだよなあ。例えば、「主役が通販の」みたいな……。

だけど、俺がやると、何となく、それなりの感じがするから、やっぱり安っぽいんだよ、基本的には。チープな感じなんだよ。

チープななかで、高そうに見せるような、そういう技《わざ》が、きっとあるに違《ちが》いない。

だから、今で言やあ、宝石では、「スワロフスキー」だっけ？ 二、三万円ぐらいで、〝ガラスの宝石〟をたくさんつくって、本当は何百万もするように見せるやつがあるじゃないか。あれが俺だよ、きっと。あれじゃないかなあ。

南無原　でも、スワロフスキーも、幅広《はばひろ》く人気はありますので。

木村拓哉守護霊　そうだよ、そう。買う人の数は多いからね、安いから。安くて高そうに見える。これが、俺の人気の秘密だな。

南無原　ああ。

木村拓哉守護霊　君たちは、高そうなものを高く売ろうとするから、格が高くなって、敷居《しきい》が高くなって、幽霊《ゆうれい》だって入ってこられなくなるんだよ。

南無原　なるほど。でも、木村さんは、雲の上の存在でありながらも、すごく「共感を得られる」というか、やはり、すごく目線が近い感じがして。

木村拓哉守護霊　うーん。なんかねえ、化《ば》け切れないんだよなあ。化け切れないっていうか、俺、無理なんだよね。変装しても、もう駄目なんだよ。

そういう意味では、諦《あきら》めが、開き直りみたいになってきてる感じかなあ。

南無原　スターの方というと、できるだけ、「いかに化けるか」という……。

木村拓哉守護霊　そう、そうなんだよ。みんな、その役柄《やくがら》に、「なろう。なり切ろう」って、一生懸命《いっしょうけんめい》、頑張《がんば》るじゃないねえ。だけど、俺は諦めてるんだよなあ、ある程度ねえ。

南無原　やはり、「ご自身に、そうとう自信がある」ということでしょうか。

木村拓哉守護霊　いや。そんなことはない。そんなことはない。もう「無理だ」と思ってるから。どうせ、「歌手崩《くず》れだ」と見ているから、諦めてるのよ。

南無原　そうなんですか。

木村拓哉守護霊　うーん、そうなんだよなあ。

4 「俺《オレ》はＳＭＡＰ《スマップ》のスタントマン」

ＳＭＡＰは、いざというときの〝共済組合《きょうさいくみあい》〟？

南無原　また、少し違《ちが》う視点でいうと、木村さんは、「ＳＭＡＰ」というグループのメンバーのお一人でもあると思うんですが……。

木村拓哉守護霊　ああ。うん、そうだね。

南無原　ＳＭＡＰ五名の方は、すごく魅力《みりょく》的で、強烈《きょうれつ》な個性を持っているメンバーですけれども、そうした強烈なメンバーと、一つのグループを成功させていく秘訣《ひけつ》というか……。

木村拓哉守護霊　分かんねえなあ。

南無原　ああ（会場笑）。

木村拓哉守護霊　あれは、もうとっくにバラバラになってなきゃ、おかしいメンバーなんだよね。

あれだけ個性が強いとさあ、もうバラバラで、みんな、それぞれが主役をやって、別なドラマとか、映画とかに出てたらさあ、本当はあんなグループなんていうのは存在できないもんだよ。

もう三十歳《さい》ぐらいには、とっくに解散してなきゃおかしいんだけど、何となく、くっついてるんだよねえ。変だけどね。

あれはねえ、いざというときのための〝共済組合《きょうさいくみあい》〟なんだよ。「もし、誰《だれ》かが、人気が落ちた場合とか、働けなくなった場合に、〝助け合い運動〟で、あとの四人で食べさせてやる」っていう〝協同組合〟なんだ。

竹内　ある番組を観《み》たときに、「中居《なかい》（正広《まさひろ》）さんや稲垣《いながき》（吾郎《ごろう》）さんが、『やはり、キムタクは特別だ。彼がいることによって、SMAPは成り立っているんだ』ということを、本人には言えないけど、笑福亭鶴瓶《しょうふくていつるべ》に言った」という話を聞いたことがあるのですけれども……。

木村拓哉守護霊　言ったなあ。そうか。あの人、うまいなあ。あの人は頭がいいんだよぉ、とってもなあ。リーダー（中居）は、頭がいいんだよねえ。あの人の、そこには敵《かな》わねえんだよなあ。頭がいいんだよなあ。

だから、逆なんだよ、それは。あの人がみんなをまとめてんだよねえ、何となく。何となくまとめてんだよなあ。あの人がいなかったら、バラバラになってるんじゃないかなあ。

俺《オレ》がまとめてるなんていうことは、絶対ないよ。俺は、まあ、どちらかというと、そうだねえ、〝スタントマン〟みたいな感じかなあ。SMAPの〝スタントマン〟みたいな感じで、ちょっと危険な場面に出ていって、全体の人気を稼《かせ》ぐような役柄《やくがら》かな。そういう〝スタントマン〟みたいなもんだよ。

だから、裏で糸を引いてるのは彼（中居）だなあ。（あの人は）一見、地味そうに見せたりすることもできるしねえ。「俺がまとめてる」っていうのは間違いだな、完全に間違いだ。

なかなか上手だなあ、やっぱり。人を騙《だま》すのがうまいな、あの人なあ（会場笑）。

「SMAPの〝スタントマン〟みたいな感じで、
ちょっと危険な場面に出ていって、
全体の人気を稼《かせ》ぐような役柄《やくがら》かな。」

「鏡張りの家に住んでいる」という噂《うわさ》の真実

三宅　今、〝スタントマン〟というお話もありましたけれども、噂《うわさ》では、家のなかがずっと鏡張りで……。

木村拓哉守護霊　ええっ⁉

三宅　それで、「自分自身のモチベーションを高められている」というか……。

木村拓哉守護霊　おお。見てきたような話を……。

三宅　ええ。「本当に自己研鑽《じこけんさん》に励《はげ》まれている」というお話も聞いたのですけれども、そのあたりに、やはり、二十六年間、芸能界のトップをずっと走り続けておられる秘訣みたいなものが……。

木村拓哉守護霊　トップかどうかは分からないよ。まあ、トラック（競技）みたいなもので、グルグルと、みんなで走ってたら、誰が何周目を走ってるか、分かんないからさあ。トップのように見えて、ビリだったりすることもあるからさあ。それは、トップかどうかは分かんない。それは分かんないわねえ。

今、二十何周目走ってるぐらいのとこでしょうけど、五十周目を走っている人もいるし、十周目を走っている人もいるし、どれがトップかは分からないからねえ。十周目を走っている人でも、足の速いのはいるしなあ。五十周走った人には、足は遅《おそ》くても、強い人もいるからさあ。それは分かんない。

自分の姿を、まあ……。いや、それはちょっとねえ、勘弁《かんべん》してよ。鏡の部屋に住んで、自分の姿を毎日見てる？　ちょっと、いかれてるみたいじゃないか（会場笑）、まるで。それは勘弁してほしいな。

そこまでナルシストに言われると、やっぱり、ちょっと反論しとかないといけないかな。

鏡はそりゃ、ありますよ、そういう仕事上。それは、鏡はありますけどねえ。いやあ、そらあ、もう二十何年もやってねえ、それで、まだ、毎日、全身を眺《なが》めてなきゃいけないって、それほどナルシストじゃないわねえ（笑）。

質問者を「ハリウッド俳優」に見立てて楽しむキムタク守護霊

三宅　それと、先ほどから、演技のほうは、ご自分の「素《す》」というか、「地《じ》でいっている」というお話もありましたけれども、韓国《かんこく》の俳優の方と映画に出たり、台湾《たいわん》の映画に出たり、一部では、ハリウッドのほうを目指されていたり……。

木村拓哉守護霊　あ、君みたいなの、なんかハリウッド映画みたいなのに出てたよ、そういえば。

三宅　（笑）（会場笑）

木村拓哉守護霊　あちらも、何か、「ヒーロー」みたいなのじゃなかったっけなあ。

三宅　（笑）ええ。よく「似ている」と言われますけれども……。

木村拓哉守護霊　（竹内に）なあ、日本人で……。

竹内　いましたね。

三宅　（笑）（会場笑）（両手を万歳《ばんざい》するように上げて）「ヤッター！」と言う……。

竹内　（笑）いました、いました。

木村拓哉守護霊　（三宅を指さして）彼じゃなかった？

竹内　確かに似ているかも……（笑）。

木村拓哉守護霊　ねえ？　それで、「ヤッター！」っていうのを流行《はや》らせた人……。

竹内　そうです。はい（笑）。

木村拓哉守護霊　いたじゃんか。

竹内　ええ。いましたねえ（笑）。

木村拓哉守護霊　彼じゃん？

竹内　ええ。彼かもしれないです……（笑）。

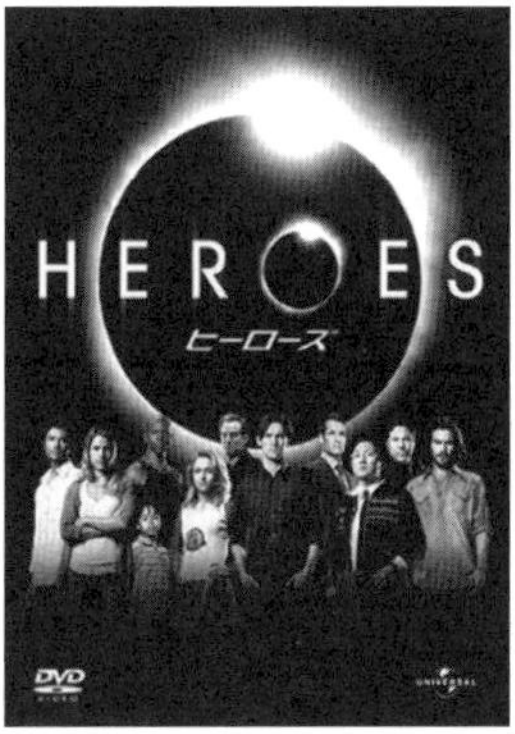

全米で大ヒットしたTVドラマ「HEROES（ヒーローズ）」。
日本人俳優マシ・オカ演じるヒロの決め台詞「ヤッター!!」は大流行した。

木村拓哉守護霊　双子《ふたご》じゃないか？　ええ？

三宅　（笑）（会場笑）

木村拓哉守護霊　君ぃ、スターを目指したほうがいいよ。ハリウッドで人気出るよ、たぶん。

三宅　ええ、これから精進《しょうじん》してまいります（笑）。

木村拓哉守護霊　英語も勉強しよう。

「ハリウッドを目指している」という話は本当なのか

三宅　当会でも映画をつくらせていただいているなかで、前回は、アカデミー賞の選考対象作品になったほか、世界各地の映画祭で受賞するなど、たいへん注目されました（アニメ映画「神秘の法」〔大川隆法製作総指揮。二〇一二年公開〕）。

木村拓哉守護霊　ほう！

三宅　「全世界に対して影響《えいきょう》を与《あた》えていきたい」という思いも

第85回アカデミー賞（長編アニメ賞）の審査対象作品にエントリーされた「神秘の法」。第46回ヒューストン国際映画祭では、本来は実写作品が対象となる劇場用長編映画部門で最高賞である「スペシャル・ジュリー・アワード」を受賞した。

あるのですけれども……。

木村拓哉守護霊　あ、思ってるわけね？　ああ、なるほど。思うのは自由だ。

三宅　ええ。木村さんご自身も、そういった意味で、ご自身の格というか、影響力を……。

木村拓哉守護霊　アカデミー賞？　全然狙《ねら》ってない。全然狙ってない。そんなもの、まったく狙ってない。

ああ、そりゃあ、ハリウッド系は、まあ一つは、体力がすごく必要だね。あちらは、スピード感が日本とだいぶ違うし、危険な場面をそうとうやらないと、東洋人は登用してくれないからね……。

俺、冗談《じょうだん》言ったんだよ（会場笑）。

東洋人は登用してくれないから、そうとう危険な場面に登場できるだけの体力を鍛《きた》えなきゃいけない。

それと、英語修行《しゅぎょう》で四苦八苦《しくはっく》してるからねえ、たいていの人は。みんな、台詞《せりふ》以外の英語はしゃべれない人ばっかりだからさあ。台詞だけ言ったら、「しゃべれる」と思われて、何回でも使われるから、本当に苦労しているんだよ。

ほかのところの人もそうだよ。韓国人だとか、ほかの人たちも。中国人も、そういうところには多いんだけどねえ。

まあ、ハリウッドは、たまには出てもいいけど、そこで食っていきたいとは思わないねえ。渡辺謙《わたなべけん》には、なる気はない。それはない。

うーん。君が出るべきだ。

三宅　（笑）芸能界には、例えば、噂《うわさ》によると、「創価学会員《そうかがっかいいん》である」という方などが多いなかで、「木村さんは、入られていない」というようにも聞くのですけれども……。

木村拓哉守護霊　いやあ、まあ、「入ってる」っていう説もあるし、「入ってない」っていう説もあるし、両方あっていいんだよ。スターっていうのは、そういう幻《まぼろし》みたいなものなんだよ。

「入ってる」と思うと、創価学会の人が、視聴率《しちょうりつ》を上げるために頑張《がんば》って観《み》たり、舞台《ぶたい》に来たり、劇場に来たりする。

「入ってない」と思うと、ほかの教団の人や宗教を信じてない人が来る。だから、どちらでもいいんだよ、本当はね。どちらでもいいんだ。

5 「全力でやってるようで、やってない」

草食系キムタク流「長生きの秘訣《ひけつ》」とは

南無原　木村さんの出演しておられる、さまざまなドラマや映画などを観《み》ていると、男性ですけれど、「すごく美しいなあ」と、やはり思うのですが。

木村拓哉守護霊　分かる？

南無原　はい。

木村拓哉守護霊　脱《ぬ》いでみようか、お互《たが》いに、「一、二の、三」で。

南無原　いやぁ（苦笑）。肉体も素晴《すば》らしいですし、でも、単なる外見だけではなく……。

木村拓哉守護霊　断定しましたね。見たのか？　本当に。

南無原　いえ、写真集などの一部をチラッと。

木村拓哉守護霊　あ、写真集ね。ああ、そうか。あれねえ、ボディはねえ、フェイク（偽物《にせもの》）をつくれるんだよ。ボディは、ほかの人のをパッと入れる。

南無原　でも、木村さんは、自分の体を鍛《きた》えることに、こだわりのある感じが、すごくするのですけれど。

木村拓哉守護霊　いやあ、でも、そこは超《ちょう》一流まで行かないなあ、残念ながら。韓国《かんこく》人で、最近、日本の忍者《にんじゃ》役としてハリウッドに出てるやつがいるじゃないか？「(韓流《ハンりゅう》)四天王《してんのう》」の一人。

南無原　ああ、イ・ビョンホン。

木村拓哉守護霊　イ・ビョンホンの鍛え方までは、ちょっと行きそうにもないねえ。あれは、もうケガするわねえ。

南無原　でも、韓国のそういう方というのは、少し異常なほどの鍛え方ですが、木村さんは、すごくナチュラルというか……。

木村拓哉守護霊　そうだよ。こちらは、日本人なので草食系《そうしょくけい》だからさあ、長生きすることを、まず第一に考えてるからね。

彼らは、短命でも構わないんだよ、人気が出りゃあ。「人気が出りゃあ、もう、そこで死んでも構わない」と思ってる人たちだから。そういう意味で、短いレースをやってるけど、こちらは日本人だから、草食系で「長く生きよう」としてるからねえ。

だから、そう無理はしてない。「全力でやっているようで、全力でやってない」ってとこだよねえ。

「宮本《みやもと》武蔵《むさし》」をやっても、三日間ぐらいは、「一乗寺《いちじょうじ》下《さが》り松《まつ》」の決闘《けっとう》を必死で撮《と》ったけど、撮ってるように見せながら、サボってるとこはサボっているのであって。

だいたいだねえ、三日かけてやったって、テレビで流れる時間は、ほんの十分や二十分だからさあ。ダラダラしてても、編集すりゃあうまくなるんだから、そんなもんね。

だから、そのへんは計算してるからね。本気でやったら死ぬぜよ、あれね。本気で、あなた、七十六人と決闘したら、たまらないよ。死んじゃうよ、一個一個を本気で戦ったら。ねえ?

だけど、真面目《まじめ》な人は、やっちゃうからね、本気で。本気で七十六人とやるからね。それは、もう、あとで使いものにならないくらい、〝廃人《はいじん》〟になっちゃうよ、完全にね。

そういうわけで、ときどき、「見せ場」はつくらなきゃいけないとは思いつつも、あとは、「適当に編集しといてね」っていうところは……（笑）。

キムタクの演技に隠《かく》された「秘密」

南無原　では、「全力でバーッとやる」というよりは……。

木村拓哉守護霊　ときどきね。ときどきやるよ。うん。

南無原　「どう見えるか」というのを分かりながら、「ここ」というところで、ポイントを押《お》さえながら決めていると。

木村拓哉守護霊　だからねえ、俺《オレ》、意外に、要領いいのかもしれないなあと思うところがあってさあ。「受験秀才《しゅうさい》を狙《ねら》ったら、意外に、東大なんか、入《はい》れちゃったりするんじゃないかなあ」と思ったりすることもあるねえ。なんかねえ、ツボみたいなところだけ、ちょっと押さえて、あとは、パッと手を抜《ぬ》くのが、けっこう、意外にうまいんだよなあ。

南無原　すごく「勘《かん》がいい」というイメージがあります。

木村拓哉守護霊　勘がいいんだろうかねえ。まあ、生命体として自己保存能力が高いんだと思うなあ。

南無原　ああ。

竹内　木村さんは、料理でも歌でもスポーツでも、何でもできるではないですか。

木村拓哉守護霊　ああ、言ってくれるねえ。

竹内　今、「勘がいい」とおっしゃいましたが、これは、経営にもつながると思うのです。

おそらく、物事の勘所《かんどころ》を一瞬《いっしゅん》にして見抜いているのだと思うのですけれども、どのようにして見抜いているのですか。

木村拓哉守護霊　あのねえ、君、僕《ぼく》はねえ、アンドロイドだからねえ、本物じゃないんだよ。だから、目が〝べカーッ〟とでかいだろう？　それで、みんな一瞬ねえ、アンドロイドの目に視線が行くわけよ。その間に、俺がね、ほかのところでやっているチョンボを、みんな見落とすんだよ。演技のチョンボを見落として、目のほうを見ちゃったりして。

だから、そのへんのねえ、視線コントロールはうまいんだよ。

本当は、演技の全部をつぶさに見られると、ヘマはあるんだけど。そういうのにこだわる人もいるよ。つぶさに隙《すき》なく、全部、完璧《かんぺき》に演じる人もいるけどね。

俺は、あるところは演じているけど、あるところは演じていないところがあって（笑）、視線を、そちらの「演じてないところ」に行かないように持ってくるのがうまいんだと思うな、たぶん。

「俺《オレ》は、あるところは演じているけど、
あるところは演じていないところがあって（笑）、
視線を、そちらの「演じてないところ」に
行かないように持ってくるのが
うまいんだと思うな、たぶん。」

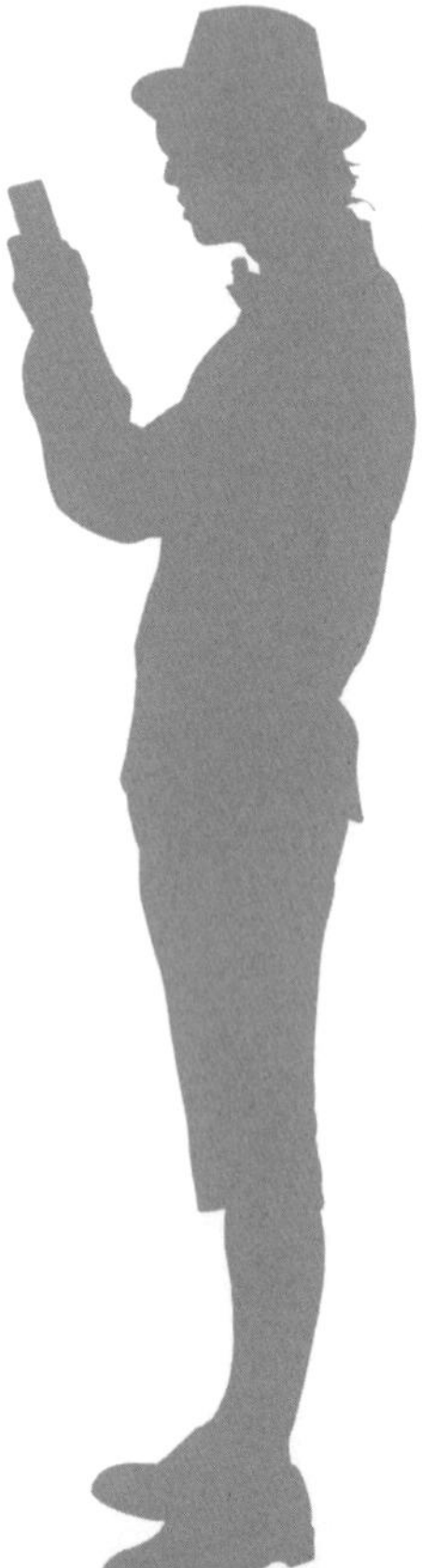

6　なぜキムタクは「主役」が似合うのか

俳優・キムタクが「大事にしていること」

三宅　先ほど、「二十分間の長台詞《ながぜりふ》」という話もありましたけれども、逆に、テレビで、十五秒間、無言《むごん》でも、そのしぐさだけで緊張《きんちょう》感を保って、視聴《しちょう》者を引きつけるコツのようなものもあると思うのです。

それも、やはり、「目の動かし方」というか、そういったところにあるのでしょうか。

木村拓哉守護霊　まあ、いちおう、それはねえ、〝シルエット〟はあるよ。シルエットっていうことは、大事だからさあ。

その意味では、さっき、誰《だれ》かが言ってた、「体の投資」のところはあるよ。まあ、俺《オレ》は忍者役《にんじゃ》が回ってきても、さすがに、「やりたい」とは思わないけどねえ。武蔵《むさし》で懲《こ》りたから、もういい。もういいけども。

まあ、そういう忍者役をやれるほど、宙返《ちゅうがえ》りばっかりしたいとは思わないが、何て言うか、「シルエットが様《さま》になってる」っていうのをイメージしてる。

だから、カラーでなくて、単に白黒で、黒い影《かげ》だけで自分が映ったときに、「横から見てどう見えるか。後ろから見てどう見えるか。前から見てどう見えるか。斜《なな》めから見てどう見えるか」のシルエットっていうか影絵《かげえ》だな。いわゆる、影絵の世界で、「自分がどんなふうに映《うつ》ってるか」っていうのは、イメージしてる。これは、そのとおりだ。

キムタク守護霊が分析《ぶんせき》する「ＳＭＡＰメンバーの魅力《みりょく》」

三宅　役者としては、本当に、「主役がいちばん似合う方」というか、例えば、ほかの方であれば、「脇役《わきやく》もすれば、主役もやれる」という方が多いなかで……。

木村拓哉守護霊　いや、それは、脇役はねえ、難しいんだよ。脇役は、要するに、性格俳優的にいろいろなことが演じ分けられなきゃいけないし、主役を盛り立てる技能が必要でしょう？

そういう意味では、自分だけが光っても駄目《だめ》なんですよ、脇役は。主役を引き立てなきゃいけないから、ある意味で、自分を押《お》し殺して、相手を目立たせなきゃいけない。だけど、脇役として、目立ちすぎないようにしながらも、名演技をしているところで、味わいを深くしなきゃいけない。ここのところが脇役の役割だよね。
だから、俺は、「人を目立たせる」っていうのは、そんなに得意ではないんだよ。中居《なかい》君とかは、そういうのがうまいけど、俺なんかは、人を目立たせるのが、全然得意でなくて、自分が目立つほうに関心があるからさあ。
そういうわけで、ＳＭＡＰの五人のなかで、「安堂ロイドに向いてる」っていえば、やっぱり俺になるね、どうしてもね。

竹内　なぜ、木村さんは、それほど、魅力《みりょく》があるのですか。ＳＭＡＰ五人が並んでいても、やはり、キムタクが目立つんですよ。

木村拓哉守護霊　いやあ、そうなってますねえ、いちおう。

竹内　ほかの四人もすごい方なのですけれども、「キムタクは、やっぱり、格が一つ違《ちが》う」というイメージを、ファンの方は持っていると思います。

木村拓哉守護霊　いや。ほかの人には、それなりにねえ、やっぱり、頭のいい人や、バランス感覚のいい人、人の気持ちが分かる人とかが、いろいろいるのよねえ。

だから、チョナン・カン、草彅《くさなぎ》（剛《つよし》）ねえ。あれなんかは、はっきり言やああ、見た目は、普通《ふつう》にオーディションを受けたら、主役が取れるタイプではないかもしれない。なあ？　主役が取れるようには見えないけども、だけど主役をやってしまう力量《りきりょう》があるんだよね。

なんでかって言うと、あの人は、人の心がよくつかめるんだよねえ。相手に対するサービス精神みたいなのに、すごく長《た》けてるとこがあるんだよ。だから、そのへんが、やっぱりすごいよなあ。

まあ、ゴロ（稲垣吾郎《いながきごろう》）ちゃんなんかだってさあ、全然別人みたいだよ、「公《こう》」と「私《し》」は。別人みたいに変化するからね。「私《し》」の世界へ行ったらさあ、本当に気配《けはい》が消えるんだよな。スーッと気配が消えて、分からなくなって、本当に壁《かべ》にへばりついている虫みたいになって（会場笑）、いるのが分からないぐらい、気配がスーッと消えるんだよ。

だけど、主役みたいなのをもらったらさあ、たちまち、ドロンと現れてくる。アラジンの魔法《まほう》のランプのあれみたいな、あんな感じ。ドロン！　と急に出てくるんです。そんな感じで、普段《ふだん》はねえ、気配を消すの、うまいよぉ。

だから、人にはそれぞれ、やっぱり取り柄《え》があるもんだねえ。

俺なんかは、逆に言うと、姿を隠《かく》せないタイプなのでね。〝黒光り〟している、外国産のカブトムシみたいな、あれじゃないの？　東南アジア産の、でかくて、値段がちょっと高いけどさあ、黒光りしたり、ちょっとほかの色で光っててもいいんだけど、目立つカブトムシ？　「これじゃあ、鳥に狙《ねら》われたら一発かなあ」っていうような、でかいカブトムシがいるけど、あんな感じの〝てかり方〟をしてるんでさあ。まあ、そういう使い方をせざるをえないんだよなあ。

7 「キムタク版宮本武蔵《みやもとむさし》」の秘密を明かす

キムタク流・新解釈《かいしゃく》による「宮本武蔵《みやもとむさし》の演じ方」

竹内　今日、お話を聞いていて、何か、「柔《やわら》」というか、「素《す》」の状態でいるんだけれども、それが、周りにすごく魅力《みりょく》を与《あた》えてしまう。ここに、木村さんの「魅力の秘密」があるような気がするのですけれども、そこには何があるのでしょうか。

木村拓哉守護霊　うーん。何だろうねえ。よく分かんないねえ。例えば、「宮本武蔵《みやもとむさし》」を演じるなら、だいたい、「いかにも剣豪《けんごう》」っていうタイプを選んでくるか、あるいは、そうでなくても、それらしくなろうとしてさあ、みんなが、すごい剣の修行《しゅぎょう》をしたら、それらしく見えるようになるじゃない？ ねえ？

でも、俺《オレ》なんかだったらさあ、「子供のときに、剣道をやったことがあります」程度で、やっちゃうわけよ。ロケは体力仕事だから、えらい体力が要《い》るけどさあ。だから、俺なんかよりは、佐々木小次郎《ささきこじろう》をやってる人のほうが、よっぽど剣が立つように見えるもんな。よっぽどかっこいいもんなあ。（剣を振《ふ》るしぐさをしながら）シャシャーッてな。あれは、きちんと、時代劇に使える剣の斬《き》り方しているよなあ。

俺の剣なんかはさあ、大川さんから、「あれはすごいなあ。木刀《ぼくとう》を全力で振ってるから」って言われてね（会場笑）。

まあ、剣のうまい人は、そういう振り方はしないんだよな。剣のうまい人は、もうちょっと「剣さばき」っていうのがあるからさあ、そういう振り方をするんだけどね。

「おお、まるで鍬《くわ》でも振ってるように、全力で振ってるわ」って言うけど、意外に、その全力で振るところがさあ。まあ、なんか剣のうまい人は、剣先で斬れてしまうんだけども、「宮本武蔵」っていうのを考えたときにさあ、彼の特徴《とくちょう》っていうのは、いわば、二刀流《にとうりゅう》じゃない？

だけど、彼に二刀流ができたとして、ほかの人だって、本当に、武器として二刀を使ったほうが一刀より有利なら、みんなもまねするよな？

だけど、やっぱり、なかなかまねできない。なぜかっていうと、剣の重さの問題だよな。一刀は、二本の手で持って、振って、ちょうどいいぐらい。片手で振ると、真剣なら自分の足を斬っちゃうのが日本刀なんだよね。木刀なら斬れないけど、日本刀なら足を斬っちゃう。そのくらいの重さがあるんだよね。

だから、それを、片手で両方斬れるっていうのは、そうとうの二の腕《うで》っていうかね、膂力《りょりょく》がものすごく強いっていうことだろう?

それから、おそらく、小次郎と戦ったときに、「櫂《かい》で打ち倒《たお》す」っていうことになってるけど、今回のドラマでは、小刀《しょうとう》も使って、少し戦いを長引かせるようにつくった。原作では、あれは、一刀の下《もと》に櫂で打ち下ろして、頭を叩《たた》き割ることになってるが、実際は、そうだろうと思うよ。向こうが真剣の長刀《ちょうとう》を使っているのにさあ、一撃《いちげき》で倒せなくて、戦闘《せんとう》が続いたら、やっぱり、真剣を持ってるほうが、絶対に勝つと思うよ、たぶんね。

つまり、木では勝てない。だから、木で勝つとしたら、不意打ちで、相手に予想外のショックを与えて、「どうなるのかなあ」と思わせて、その瞬間《しゅんかん》に、向こうより長いものでもって、一瞬で打ち砕《くだ》く。

だけど、これを、ジャンプして打ち砕くとすると、ものすごい力が要るはずなんでね。

そういう意味では、俺がやった剣さばきが、何だか、丸ごと振ってるような、素人《しろうと》っぽいものに、一見、見えるけども、「ものすごい力が要って、振ってるように見えるのが、ある意味では武蔵らしいのかもしれない」っていう面もあるわけなのよねえ。

これは、俺なりの〝新解釈《かいしゃく》〟だけどね。そういうところもあるんだよ。

それに、吉岡《よしおか》道場の一門とやるときだって、今回は、脚本家《きゃくほんか》のあれで、「真剣同士での斬り合い」っていうことになってておったけども、吉川英治《よしかわえいじ》さんの原作では、確か、武蔵は木刀で現れたので。

吉岡清十郎《せいじゅうろう》は紳士《しんし》らしいんだよな。ジェントルマンらしくて、「自分は真剣で斬ろう」と思ったのに、木刀で現れたから。木刀だったら道場の試合だよな？自分は真剣だから、一瞬、「あれ？」と思った。木刀を相手にですねえ、なんせ、天下の名門で「ナンバーワン」とも言われるような剣術使いがねえ、「真剣で斬る」っていうのは、やっぱり、武士道において卑怯《ひきょう》じゃない？　ということで、斬っていいかどうかは迷うじゃない？

そこまで武蔵は計算して、それで、木刀でもって肩《かた》を打ち砕くんだよ、確かね。利《き》き腕のあれを、もう粉々に砕いてしまったら、もはや剣豪として使えなくなる。

そういう奇策《きさく》を使ったから、兵法家だな。たぶん、監禁《かんきん》されてる間《あいだ》に兵法を勉強して、そうした兵法、いわゆる軍略を、自分個人に当てはめた人なんだろうなあと思うんだよ。

そういうふうに、「自分流」にいろいろ考えてやってはいるんだけど、ちょっと「新しみ」を出さないといかんなあと思う。

実際はさあ、真剣じゃなくて、偽刀《にせがたな》だから、音はああいう音になってないんだ。肉切り包丁みたいなので斬ってるような音を入れているからね。まあ、真剣で斬り合って、斬っているように見えるんだがねえ。

ただ、「駄作《ださく》にならんように何とかしよう」とは思ってやったんだが、体力はかなり要ったなあ。やっぱり、四十《しじゅう》の坂を越《こ》えたら、ちょっときついな。次は、もう、社長の役か何かにしてほしいな。

8　キムタクブランドは〝無印良品《むじるしりょうひん》〟？

役者としての「四十代の抱負《ほうふ》」を語る木村拓哉守護霊

南無原　木村さんには、やはり、「キムタク」という「ブランド」というか、自己プロデュース力がすごくあると思いまして、みんな、まねが……。

木村拓哉守護霊　ああ。〝無印良品《むじるしりょうひん》〟なのよ、まあ、いわばねえ。

南無原　あっ、なるほど。

木村拓哉守護霊　〝無印〟と言いつつ、「ブランド」なのは分かるよ。だからねえ、そういう感じなのよ。

南無原　そうですね。それで、木村さんは、今まで、「アイドル・キムタク」として活躍《かつやく》されてきていると思いますが、まさに、今おっしゃった、今後の四十代は、どのように、自己プロデュースしていかれるのでしょうか。

木村拓哉守護霊　うーん、だから、一つは、ドラマ「華麗《かれい》なる一族」で、万俵《まんぴょう》家の長男でね、専務の役をしたけども、あのときは、まだ三十代の半《なか》ばだったと思うんだよねえ。

三十代半ばで専務の役をしたけども、あれは

「華麗なる一族」
山崎豊子の同名小説を木村拓哉主演でドラマ化(2007年)。最終回には視聴率が30%を超える大ヒットとなった。

ちょっと、年齢《ねんれい》的には、やや苦しい配役ではあったんだね。だけど、ああいうふうに、「もう少し、年相応《そうおう》の役割が、重厚《じゅうこう》感を持ってやれるといいのかなあ」っていうように、今は思ってるけどねえ。

役回りとしては、恋愛《れんあい》物はそんなに……、まあ、やる人もいるけどねえ。六十歳《さい》で、「新ニューヨーク恋《こい》物語」みたいなのをやる人もいるから（会場笑）、「やれんことはない」とは思うけども、だんだん、ちょっと重みのある役割ができたらいいかなあとは思うけどねえ。

キムタクは結婚《けっこん》しても「なぜ人気が落ちないのか」

南無原　それと、「結婚《けっこん》されても、ジャニーズのアイドルとして人気が落ちない」というのも、「すごいなあ」と思うのですが、そのあたりはいかがでしょうか。

木村拓哉守護霊　うーん、それはねえ、よく考えたのよ。

南無原　ん？

木村拓哉守護霊　よく考えたの。あんまり美人と結婚すると、人気が落ちると思って、ほどほどで抑《おさ》えたところが、人気が落ちず……。

南無原　スーパーアイドルの方だと思いますが。

木村拓哉守護霊　うーん。いやあね、結婚したときには、なんか、みんな、ブーイングだったよぉ、けっこうねえ。「キムタクで、あの程度でいいのか」っていうの？　「あの程度の奥《おく》さんだったら、浮気《うわき》はそうとう行くんじゃないか」っていう〝下馬《げば》予想〟はそうとうあったよねえ。
　ところが、禁欲に禁欲を重ねてだねえ、スキャンダルが出ないように、隠《かく》れて頑張《がんば》ったために、いまだに、アイドルの地位が維持《いじ》できるわけなんですよ。

南無原　うーん、やはり、奥様の工藤静香《くどうしずか》さんの支えも、かなり大きいのでしょうか。

木村拓哉守護霊　うーん、どうだろうね。まあ、菅野美穂《かんのみほ》さんほど、霊的《れいてき》に〝押《お》して〟こないからさあ。そのへんは楽だけどねえ（笑）。あそこほどの押しがないからね。それは楽だ。圧倒《あっとう》的に俺《オレ》が威張《いば》ってるから、今のところ。うーん、楽は楽だけどねえ。

「禁欲に禁欲を重ねてだねえ、
スキャンダルが出ないように、
隠《かく》れて頑張《がんば》ったために、
いまだに、アイドルの地位が
維持《いじ》できるわけなんですよ。」

なぜ、スキャンダルがあってもＳＭＡＰの人気は続くのか

南無原　ＳＭＡＰ自体も、吾郎《ごろう》さんや草彅《くさなぎ》さんの事件など、さまざまなスキャンダルがありながら、まったく何事もなかったかのように人気がキープされていると思います。

普通《ふつう》は、けっこう、マスコミにボコボコに叩《たた》かれて、消えていく人が多いと思いますが、そこには、何か、特殊《とくしゅ》なパワーのようなものがあるのでしょうか。

木村拓哉守護霊　そうねえ。まあ、ゴロちゃんなんか、いやあ、大したことないことで、前に事件になったことがあったよなあ。渋谷《しぶや》の違法駐車《いほうちゅうしゃ》とかねえ。渋谷なんか、停めるところ、そんなにないしさあ。普通の駐車場なんかに停めて、のんびり出てきたら、見つかっちゃうじゃない？　ね？　だから、チャッと停めて、

チャッと買い物しないとさあ、いけないいんだよねえ。

ゴロちゃんは、大川隆法さんに見つかってんだよ、あれ、本当になあ。

南無原　そうですね（笑）。

木村拓哉守護霊　渋谷のくじら屋で、一人で昼ご飯を食べてるところを、隣《となり》に大川隆法さんに座《すわ》られて、観察されてんだよ、あれねえ。ぬかった。ぬかったから、もう、本当に、生きた心地《ここち》がしなかったみたいだけどねえ。

いや、なかなか厳しいよね。ああいうアイドルでも、マネージャーみたいな人に囲まれてるようなときは安全だけどさあ、一人のときってていうのは、けっこう無防備だからね。相手によっては、けっこう逃《に》げられない部分があるからねえ。

まあ、気が弱いのよ、本当はねえ。気が弱いんだけど、役柄《やくがら》としては、いろいろなものは、彼も演じるからねえ。

ま、事件はいろいろあるかもしれないけど、何だろうかねえ、まあ、殺人事件を演じる中居《なかい》君みたいな人もいるけれども、実際に、殺人とかまで犯《おか》したら、それは、そう言ったって、グループがもつとは思わないけども。まあ、軽微《けいび》なことが多いのと、「それにしても、やっぱり消えるのが惜《お》しい」というような、一般《いっぱん》的な人気みたいなのが、あるんじゃないかねえ。

こんなのは、政治家とかでも、あるんじゃないかねえ。何か公選法違反みたいなので捕《つか》まるような事件があってもさあ、やっぱり、「一般の人気がどう出るか」を、検察とか、裁判所とかも、よく見ているような気はするよ。

今は、前都知事の猪瀬《いのせ》さんをさあ、五千万円で有罪にするべきかどうか、今、本当は苦しいところだと思うけども。やったら人気が出るか……。いや、「人気」っていうのは、検察とか、それから裁判所とか、そちらのほうの人気が出るか、

●前都知事の……　2013年、前東京都知事の猪瀬直樹氏が、徳洲会グループからの5千万円受領問題で辞職。2014年3月に略式起訴となった。

そのへんの風向《かざむ》きみたいなのを、ああいう公務員の人たちでも、ちゃんと見ているからさあ。

逆風になるか。やっぱり、庶民《しょみん》の何て言うの？

そういうのが、やっぱりあるわな。

だから、そのへん、トータルの問題かなあ。

9 「俺《オレ》はミスター・エゴイスト」

「俺は、ファンサービスなんか、全然してねえ」

竹内　木村さんのファンは、世代の幅《はば》が広く、下は十代の子供から、上は四十代、五十代ぐらいの方までいくと思います。

木村拓哉守護霊　うん。

竹内　木村さんが多くのファンから慕《した》われるということは、常に、ファンの方への思いを、メディアを通じて発信されているからだと思うのですけれども、ファンに対しては、普段《ふだん》、どのような思いを持つようにされているのですか。

木村拓哉守護霊　うーん。俺《オレ》は、俺を演じてるだけなんだよなあ。だから……。すまんねえ。たぶん、おたく様のご意見、および、この教団のご思想とは合わないいんじゃないかと思うけど……。

竹内　いえいえ。

木村拓哉守護霊　俺ねえ、ファンサービスなんか、全然してねえんだ。

竹内　ああ、そうなんですか（笑）。

木村拓哉守護霊　まったくしてねえ。ごめんね。きっと、そうでなきゃいけないことになってんでしょう？　だけどねえ、まったくやってねえの。まったくやってないよ。だから、非難していいよ。宗教的に、どんどん批判してください。たぶん、そうだと思うから、どんどん批判してください。

もう、エゴイストそのものなのよ。「ミスター・エゴイスト」なのよ。「ミスター主役」の意味は、実際は、「ミスター・エゴイスト」なの。だから、主役以外やらないのよ。補助役なんかねえ、あるいは、脇役《わきやく》なんかね、「やってられるか、俺が！」っていうね。そういうエゴイストで、プライドの塊《かたまり》。それが、俺なんだよ。

竹内　ああ……。

木村拓哉守護霊　普通《ふつう》の人は、そうしたいけど、そうなれないでしょ？　会社でも、「俺が主役だ！　何言ってんだ？」って。

それは、社長になるまでやってはいけないことだけど、その途中《とちゅう》のエリートたちで、「俺が主役だ！」みたいな気持ちを持ってる人は、たくさんいると思うんだよなあ。

みんな、そうやりたい。やりたいが、それをやるとバッシングされるから面白《おもしろ》くない。

そういうことがあると思うんだけど、あえて……。いや、俺は、自分でエゴイストだと思ってるよ。エゴイストだからこそ、主役を張ってる。

竹内　うーん。

木村拓哉守護霊　だけど、それをやりたくてもやれない人が、たくさんいる。九十九パーセントの人がやれないでいる。「本当のプロフェッショナル」で、「本当のエリート」という人以外、それはできないでいる。俺は、その部分を〝代弁〟しているのよ。

だから、俺自身は、ファンサービスなんか、何にもやってないの。何にもやってなくて、ファンのほうが、俺の、演技じゃないんだけど……、まあ、〝自作自演の自我《じが》我欲《がよく》劇〟を見て、ストレスを発散しているわけよ。

ここなんだよ、ポイントは。

「武蔵《むさし》の七十六人斬《ぎ》りのシーン」に見る演技の秘密

竹内　それは、すごく面白いと思います。

「道を極《きわ》める」ということについて、宗教的には、「無我《むが》になる」という教えもあるのですが、逆に、「そのように、自分を出していくことで、超《ちょう》一流のプロになる」という……。

木村拓哉守護霊　まあ、そういう意味だよな。ある意味では、自分を出していくっていう……。まあ、自分以外売るものは、何もないんだよ。こういう、タレントみたいなのは、自分しか売るものはなくて、もちろん、「頭脳派」とか、「演技派」とか、いろいろやる人も、たくさんいるんだけど、俺は、「頭脳派」でも「演技派」でもないんでね。あるいは、「教養」でもってやっている人もいるとは思うんだけど……。

例えば、まあ、何度も、「宮本武蔵《みやもとむさし》」の例を出して〝あれ〟だけど、実際に、「一乗寺下り松《いちじょうじさがりまつ》」は京都にあるよね。あのへんは、大川隆法さんがよく知ってる

05 キムタク「守護霊語録」

「ファンのほうが、
俺《オレ》の〃自作自演の自我我欲《じががよく》劇〃を見て、
ストレスを発散しているわけよ。」

場所らしいけども、武蔵は、あそこで七十六人を、一人で惨殺《ざんさつ》したわけだからさあ。客観的事実としては、そういうことだわな。惨殺したことになってるわけよ。

しかも、向こうが立ててきたのは、幼子《おさなご》だよなあ。本当は戦わないで、形だけ座《すわ》らせている跡取《あとと》り息子《むすこ》だけど、武蔵はそれを斬《き》ってるよな。

竹内　はい。

木村拓哉守護霊　やってることは残忍《ざんにん》だよね?

これは、「本当に、血に飢《う》えた剣《けん》を持っていて、人を斬らんといられない」というような役だけど、役に吸い込《こ》まれるように、取り憑《つ》かれたように、乗り移ったようにやる人が、七十六人も殺すシーンをやったら、もう観《み》ていられないよ。

あまりにも迫真性《はくしんせい》があったら、怖《こわ》くてねえ、ドラキュラ映画で、ドラキュラが、七十六人の美女の首から血を吸っているシーンを、観続けるような気持ち悪さだと思うんだよ。

それに、殺すときに、「一人、二人、三人……」って、数えながら殺してたからねえ。普通ねえ、「殺人鬼《さつじんき》が、『今、何人目を殺してる』なんて言いながら殺す」なんて、はっきり言って、超キモいですよ。

超キモいけども、武蔵らしくないキムタクがやってるから、バカバカしくて、そこまで感情移入しないわけよ。

竹内　うーん。

木村拓哉守護霊　観ている人が感情移入しないから、その残虐性《ざんぎゃくせい》が、残虐でないように感じられるわけだよね。ここなんだよ。これが「違《ちが》い」なんだよ。

本当に、武蔵が七十六人を斬りまくったら、きっと残虐だよ。さぞかし、残忍な斬り方をすると思うよ。（手刀《てがたな》をつくり、横に払《はら》うしぐさをしながら）ピャッとやったら、ターンッと首が飛んで、血がバーッと飛ぶシーンがいっぱい出ると思うな。あれだけ、剣が斬れていたらね。

それを、俺がさあ、下手くそに、（刀を振《ふ》りかぶり、振り下ろすしぐさをしながら）こうやって、大根斬《だいこんぎ》りしてるからさあ。観るほうは、「あんなので、本当に斬れるわけないわなあ。あの腰《こし》つきでは斬れないな」と思って観ているので、それが〝薄《うす》まる〟んだよな。

10　キムタク流は「自然流」「天然《てんねん》流」

長持ちの秘訣《ひけつ》は、「自然流」「天然流」にある？

竹内　どうやったら、「キムタク流」を出せるのですか。

木村拓哉守護霊　「キムタク流」は、「自然流」「天然流」だな（会場笑）。

（竹内に）「天然理心流《てんねんりしんりゅう》」っていうのがあるよ、君ぃ。

竹内　そうですね。

木村拓哉守護霊　よく知っているんじゃないか？（注。竹内の過去世《かこぜ》である沖田《おきた》総司《そうじ》は天然理心流試衛館《しえいかん》の塾頭《じゅくとう》を務めている。『宇宙からのメッセージ』〔幸福の科学出版刊〕参照）

竹内　（苦笑）いえいえ。

木村拓哉守護霊　〝天然理心流〟だ。まあ、天然だよ。天然でいくんだよ。

竹内　天然のなかで、どうやって自分を見つけるのですか。

木村拓哉さんは、ある意味で、自分の最大の長所を見つけていると思うのですが、それを見つけるコツは何でしょうか。どうすれば見つけられるのですか。

木村拓哉守護霊　だから、「天然鮎《あゆ》」みたいに、穏《おだ》やかな川では穏やかに泳ぎ、急流になったら、ピョーンッと跳《は》ねる。そのように、ごく自然にね、「あるがまま」にやるんだよ。

竹内　「無為自然《むいしぜん》」ですか。

木村拓哉守護霊　跳ねるべきところで跳ねるし、跳ねる必要がないところでは跳ねない。

跳ねるべきでないところで跳ねるのは、鮠《はや》とか、ああいう、ちっちゃな小魚で、鮎が跳ねるところは、やっぱり、段差があって、ちょっと小滝《こだき》になってるようなところだね。そこでは、ピョーンッと跳ねていかなきゃいけない。だけど、普通《ふつう》のところでは、そんなに跳ねないで、川の底を泳いでるよねえ。

そういうふうに、逆《さか》らわないで、自然の抵抗《ていこう》があったときには、バーンッと力を発揮するけど、それ以外のところでは、普通にやっている。

その自然さが、長持ちの秘訣《ひけつ》だし、その自然さが、「どんな役を当てられても、キムタクは、キムタクを演じているだけであって、ほかの役を演じているわけではない」と言われながら、なぜか生き残ってる理由なんじゃないかなあ。

「キムタク流」を体得するための心掛《こころが》けとは

竹内　おそらく、木村さんは、「無為自然の境地」のようなところに入っていくことで、世間《せけん》のニーズや芸能メディアの流れを敏感《びんかん》に感じているのだと思うのですが、そういう境地に入るために、日ごろ、どういうことを心掛《こころが》けていけばよいのでしょうか。

木村拓哉守護霊　いやあ、もし、その「無為自然」とかいう……、まあ、あんたがたは、たぶん、「無我《むが》の境地」と言いたいんだろうと思うけどさあ。もし、そういうふうに捉《とら》えているとしたら、たぶん、間違《まちが》いだろうと思うのよね。

俺《オレ》自身はねえ、もともと、「反抗心」がとっても強いのよ。反抗心が強くて、人のまねもあんまり好きじゃないし、言われると言い返すから、口もそんなによくない。逆に、悪いほうだからさあ。

まあ、そういう人間だし、人に対しては正直じゃないよ。ただ、自分に対しては正直なんだよな。

竹内　ああ。

木村拓哉守護霊　自分に対してはね。もし、「正直」という言い方が悪ければ、

「自分に対しては忠実に生きてる」っていうことだね。これだけは間違いないわ。自分に忠実には生きてる。

だけど、ほかの俳優さんは、無理をしている。自分に忠実じゃなくて、役柄《やくがら》に忠実に、脚本家《きゃくほんか》に忠実に、監督《かんとく》に忠実にやってるよね。

まあ、俺も、反抗しているわけじゃないよ。監督に反抗しながら、ドラマはつくれないから、それは無理だけど。

ただ、反抗しているわけじゃないけど、「いやあ、俺には、これ以上の演技は無理です」っていうようなところに、ちゃんと線を引いて、相手に諦《あきら》めさせるところが、「技《わざ》」なのかなあ。「まあ、キムタクじゃあ、これ以上は無理だろうな」と相手が思う。

沢庵和尚《たくあんおしょう》の役どころに見る「演技派俳優の苦悩《くのう》」

木村拓哉守護霊　だけど、俳優のなかには、それを乗り越《こ》えて、「ここまでやってくれたらいいなあ」と監督が思ったり、脚本家が思ったりしているところまでサービスする人がいるわけよ。

いや、それは天才だと思う。そういう人は本当の天才で、天性の役者だと思うけど、俺は、そう思わないところが、「俺流」なんだよ。

例えば、「宮本武蔵《みやもとむさし》」で言うと、沢庵和尚《たくあんおしょう》を演じた……。

三宅　香川照之《かがわてるゆき》さんですね。

木村拓哉守護霊　うん。今、名優の評判が立ってるよね。「今、いちばんうまい

「
「いやあ、俺《オレ》には、
これ以上の演技は無理です」
っていうようなところに、
ちゃんと線を引いて、
相手に諦《あきら》めさせるところが、
「技《わざ》」なのかなあ。
」

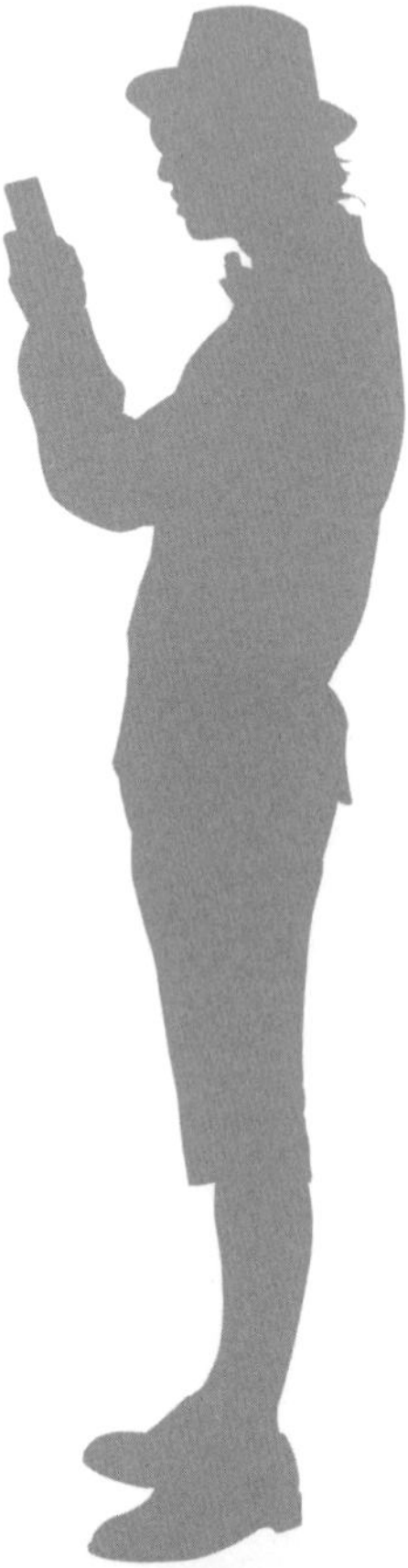

んじゃないか」って言われている名優の香川照之さんだけど、あの香川さんでもねえ……、まあ、これは、大川さんが上（控室《ひかえしつ》）でしゃべっていたのを聞いたんだけども、「あの香川さんでも、沢庵和尚の演技については、参っていたみたいだね。さすがに、あの役は、少しきつかったみたいだ」って……。

沢庵になり切ろうとしているんだけど、さすがに、あれをやるには、少し、「禅《ぜん》の修行《しゅぎょう》」でもやって、様《さま》になっていないと、演じ切れない。そういう役だわな。

要するに、頑張《がんば》って演じ切ろうとしてんだけど、さすがの彼でも、なかなか化《ば》け切れないでいるところがあるのに、俺が武蔵に化けようと思わずにやっているところが、むしろ、対照的になっていたようには見えるね。

演技派が、その役柄によっては苦しむというか、役になり切れないことについて、自分をすごく責めるところがあるよね。

要求に応じて演技する俳優にはない「強み」とは

木村拓哉守護霊　それは、俺なんかには、もともと無理だね。俺の武蔵なんか、どうせ、茶番《ちゃばん》に決まってるからさ。

お茶の間では、みんなが呆《あき》れながら観《み》てるだろうけど、まあ、「最後まで観てくれりゃあ勝ちだから、それでいいんだ」と思ってる。

ただ、観ている人は、「『もしかしたら変身するかも』と思いながら観てたけど、最後まで一緒《いっしょ》だった」ということにはなるわけだけどね（会場笑）。

「腕《うで》が上がっていって、だんだん強くなるのかなあ」と思わせて、実は、「最後まで一緒でした」で終わりになり、「え!?　こんな終わり方でいいわけ?」みたいな感じになるんだけど。

まあ、「ぎこちないけど、それでも懸命《けんめい》に自分を演じ切ってる」というところで、みんなが許してくれているんじゃないかなあ。

やっぱり、自分は自分であってねえ、他人になろうとしても、なれるもんじゃないよ。

だけど、基本的には、「役者道《やくしゃどう》」で、そういうのを教えてるんだと思うんだよ。

つまり、シナリオや、役柄の組み合わせから、「こういうふうに演じてほしい」っていう要求が制作班から出たり、監督の意見等もあったり、ほかの役者さんからのアドバイスもあったりするので、そういうふうに演じ切るということだね。

例えば、あなたがたが本を出してた、もう一人の、例の「リーガルハイ」の彼（前掲《ぜんけい》『堺雅人《さかいまさと》の守護霊が語る　誰《だれ》も知らない「人気絶頂男の秘密」』参照）。

竹内　堺雅人さんですね。

木村拓哉守護霊　ああ。彼なんかは、やるじゃないの。長台詞《ながぜりふ》を、ペラペラペラペラと。あれだけしゃべったら、もう元に戻《もど》れないんじゃないか?

たぶん、舌がべーッと三十センチぐらい出て、クルクルクルーッと回って戻る。

こういう動物いたよねえ。カメレオンか?

竹内　カメレオン(笑)。

木村拓哉守護霊　ああいうふうになってしまって、もう舌が元に戻らないんじゃねえかと思うところまで、けっこうやるじゃない?

あのイメージは、そう簡単に消せないと思うけど、俺は、あそこまではサービスしないからね。彼は、ものすごいサービスしてるよ。

苦労して演技を覚えているんだと思うんだけど、俺は、あそこまでサービスしない。「俺流の弁護士」しかできないだろうから、そういう意味で、彼は偉《えら》いと思う。

だから、きっと、「名優」という意味では、あちらのほうが名優でしょうね。ただ、俺は、ある意味では、歌手の部分で戦っているんだと思うので（笑）。歌手は、「持ち歌を披露《ひろう》するのみ」であるし、みんなは歌を知ってる。「みんなが知っている歌を歌って、それで満足してもらう」っていうのが歌手でしょ？

みんな、手の内を知ってても、それで納得《なっとく》してくれる。まあ、落語《らくご》とかそういうものにも、似たようなところがあるけどね。みんな、内容を知ってるけど、何回でも聞いてくれるところがあるじゃないか。ねえ？

そういうふうに、「毎日、そばを食べても飽《あ》きない」「毎日、うどんを食べても飽きない」みたいなところが、ちょっとないといかんかなあと思う。

それが、俺の強みかな。「毎日、キムタク」でも許してくれるみたいな、そんなところかなあ。
つまり、ある意味では、〝主食〟なんだよ。

「俺《オレ》の強みは、
「毎日、キムタク」でも許してくれるみたいな、
そんなところかなあ。
つまり、ある意味では、〝主食〟なんだよ。」

11 「俺《オレ》の演技は〝開き直り〟の強さ」

「乗り移り型の俳優」とは逆の考え方を持つ木村拓哉守護霊

竹内　（三宅に）少し、スターの養成についての質問を……。

木村拓哉守護霊　何？　スターの資格？

三宅　そうですね。

木村さんは、本当に、ずっと飽《あ》きられない……。

木村拓哉守護霊　話を聞いて、がっかりしてるでしょ？

三宅　いいえ、そんなことはありません（苦笑）。

木村拓哉守護霊　これでは、指導のしようがない。諦《あきら》めな。

三宅　いや、木村さんは、堺雅人《さかいまさと》さんや……。

木村拓哉守護霊　あの人、うまいよ。あの人は演技がうまい。

三宅　菅野美穂《かんのみほ》さんとは違《ちが》って……、まあ、彼らの場合は、「乗り移り力」というか、「乗り移り型」という俳優のスタイルだと思うのですが……。

木村拓哉守護霊　いや、うまいよ。二人ともうまいと思う。とってもうまい。でも、俺《オレ》は、ああいうふうにはなれないね。あれは、確かに、乗り移ってくる感じを持ってる。菅野美穂さんは、特に怖《こわ》い。怖いぐらいの感じがあるね。
あれは、霊能者《れいのうしゃ》なんじゃないの？　なんか、そんな感じがする。

三宅　先ほどから、お話をお伺《うかが》いしていて、「一つひとつの役について、見られる側としての解釈力《かいしゃくりょく》が、すごく高いな」というふうに……。

木村拓哉守護霊　ああ、そうお？

三宅　ええ。

木村拓哉守護霊　なんか、君の言葉は難しくて、全然、分かんないから……。

三宅　（笑）

木村拓哉守護霊　俺、勉強が足りないから、分かんないよ。もうちょっと違う言葉で説明し直してくれない？

三宅　一つひとつの役に対して、「どう見えるか」ということを、本当に深く考えられていますし、また、それを実践《じっせん》というか、表現されているなと感じますが、「時代の見方」というか、どういうふうに、現代や今後の未来を……。

木村拓哉守護霊　いや、そういう、難しいのは駄目《だめ》だ。そういう難しいのが、あんまり入りすぎると、ファンが離《はな》れていくから、俺は、そこまでは行かないことにしてるんだ。そこまで行かないところで諦めていて、いちおう、役柄《やくがら》が来たらやるけども、そんな、深い解釈はしないことにしてる。

「解釈力は大事だ」って言う人もいるんだろうけど、俺は、そんな深く考えないことにしてる。

つまり、俺の演技っていうのはねえ……、まあ、演技をやったら、「NG」があるでしょ？　当然、失敗して、「しまった！」と、舌をベエーッと出してるところがある。アインシュタインが舌を出してるような、ああいうさあ。

カメラマンからの笑顔のリクエストに対し、とっさにとった表情。アインシュタイン本人もお気に入りの１枚だったという。

ただ、NGはあるけど、NGシーンを本番で流しても、いちおう、様《さま》になるのが、俺なんだよ。

竹内　ああ……。

木村拓哉守護霊　だけど、ほかの人の場合、NGシーンを入れたら、たぶん、様にならない。俺の場合は、NGが入って、（舌打ちし、右手を頭に当てて）「しまったー！」ってやったって、それが演技になる。それが俺なんだよな。それが、「自己流で貫《つらぬ》いてる」っていうことかなあ。

だから、あんたのところを指導すると、すごく邪魔《じゃま》する可能性が高いかもね。

三宅　いえ、決して、そんなことはないと思います（笑）。

安心して「自己流」の演技ができる理由とは

木村拓哉守護霊　まあ、俺には、歌手とか、ほかにも仕事のネタがあるから、安心してるんじゃないかな。

例えば、役者でもさあ、親から譲《ゆず》られた遺産がごっそりあったりしたら、安心して、「自己流の演技」ができるじゃないの。

そういう財産があって、一生、食っていけるとかであれば、「クビになったら、どうしようか」みたいなことで悩《なや》まなくて済むじゃない？

本当は、ハングリーで、そういうことについて悩むような人のほうが、芸は磨《みが》かれていって、うまくなるんだけど、「意外に、歌手でも食っていけるし、バラエティー番組でも生きていけなくもないしねえ」なんて思ってるからさあ。その〝開き直り〟が、一種の「強さ」になってる。

「俺《オレ》の場合は、ＮＧが入って、
「しまったー！」ってやったって、
それが演技になる。
それが俺なんだよな。
それが、「自己流で貫《つらぬ》いてる」っていうことかなあ。」

映画とか、ドラマとかをつくる人は、いちおう、要求してくるよ。彼らには、「演技として、ここまでいかなきゃNGだから、OKやGOは出さない」っていうのがあるけど、俺だったら、何て言うの？　バラエティー番組でも、歌手でも生きていけるので、気に食わなければ、（顔を右に振《ふ》って）プリッとして、「もう、やめちゃった。ほかの人に頼《たの》んでよー」と言って、帰っていきそうな感じがするから、そこまで要求できないでいる。

そういうところで妥協《だきょう》させるのが、俺の技《わざ》なんだけど、そうだと分かっていながら、俺の技を破れないところが、制作側が主導権を握《にぎ》れないわけなんだよなあ。しかも、そういうふうに、無茶《むちゃ》をするところが、また、主役級に見えるところなんだよ。

だから、あんまり、まねはしないほうがいいよ。やっぱり、何か、ちゃんと〝保険〟が付いていなければ、やっちゃいけないことだと思うなあ。

12　キムタクを指導している神様とは？

サーフィンのように〝波〟と〝風〟に乗って演技をしている

南無原　少し霊的《れいてき》な、つまり、宗教的なことについて、お伺《うかが》いしたいのですけれども……。

木村拓哉守護霊　ああ、ヤバい。超《ちょう》ヤバいねえ。

南無原　例えば、先ほどお名前が出た、菅野美穂《かんのみほ》さんは、芸能の世界、もっと言えば、宗教そのものと、非常にご縁《えん》の深い魂《たましい》であるということが、こちらのほうで確認できているのですが、木村さんは、どういう霊界《れいかい》と関係を持たれているのか、お分かりになる範囲《はんい》で教えていただけますでしょうか。

木村拓哉守護霊　（舌打ち）話が、まずいところまで来たねえ。これは、いちばん恐《おそ》れるべきことで、今、〝法廷《ほうてい》〟に引きずり出されたところだね（会場笑）。ここは、何とか逃《に》げ切らないといけないねえ。どうやって逃げよう……。

俺《オレ》はねえ、サーフィンが好きなんすよ。サーフィンのコツってさあ、やっぱり、基本的に、「波に乗ること」だよな。波と風の計算だよな。つまり、波の大きさと速さ、それと、風の方向を見ながら、バランスを取ることで。

実は、あれは、自分の力で動かしてるわけじゃないよね。自分の力で動かしてるわけじゃなくて、波と風の方向性や力、大きさをよく見ながら、上手に乗ることが大事なんだよな。上手に乗り切ることが大事。

だから、演技も、基本的に、〝波〟と〝風〟に乗ってやってるので、そういう意味では、宗教的な〝あれ〟とか言われても、よく分からないんだけど、俺流に言えば、やっぱり、基本的には、「無為自然《むいしぜん》」かなあ。宗教で言やあ、意外に、「老荘《ろうそう》思想」みたいなのに近いかもしれないなあ。

竹内　そうした方々の指導を受けながら、芸能活動をしているということですか。

木村拓哉守護霊　俺の指導霊《しどうれい》は、あんまり勤勉じゃねえんだよなあ。あんまり勤勉じゃなくて、「風を受けよ」とかさあ、「波に乗れ！」とかさあ、そんなことしか言わねえような……。

南無原　指導霊の方は、そういう感じの方なのですか。

木村拓哉守護霊　そんなことしか言わねえんだよな。「波に乗れ」とかさあ。

南無原　（笑）（会場笑）

木村拓哉守護霊　（笑）「ちゃんと、日本語を覚えてくれよ」って言いたくなる程度のインストラクターなんだよなあ。だから、大したことないんだよ。

竹内　何となく、お名前が分かるような気もするのですけれども、どなたなのでしょうか。

木村拓哉守護霊　何となく分かるんなら、それでいいんじゃないの？

「俺《オレ》の指導霊《しどうれい》は、
あんまり勤勉じゃねえんだよなあ。
あんまり勤勉じゃなくて、
「風を受けよ」とかさあ、
「波に乗れ！」とかさあ、
そんなことしか言わねえような……。」

まさか、あんたじゃねえだろうな?

竹内　私ではないですけれども……(苦笑)。

木村拓哉を指導している「怠《なま》け者の宗教家」とは?

竹内　いちおう、指導を受けている霊として、堺雅人《さかいまさと》さんは塚原卜伝《つかはらぼくでん》、菅野美穂さんは天照《あまてらす》様系統と、いろいろ明かしてくださっていますので……(前掲《ぜんけい》『堺雅人の守護霊が語る　誰《だれ》も知らない「人気絶頂男の秘密」』『魅《み》せる技術――女優・菅野美穂　守護霊メッセージ――』参照)。

木村拓哉守護霊　ほんと?

竹内　木村拓哉さんは、名前のある神様からご指導を頂いているのでしょうか。

木村拓哉守護霊　だから、老荘思想の系統なんじゃないの？　あちらのほうの人というか、要するに、怠《なま》け者系統の宗教家、坊《ぼう》さんだね。怠け者に分類されるタイプの……、まあ、キリスト教でもいい。怠け者だったら、それに入るからいいし、当たってる。

怠け者のキリスト教徒や怠け者の神主《かんぬし》さん。つまり、遊び人の神主さんだね。

休みの日が来るのが待ち遠しくて、「今度は、どこの山に登ってやろうか」とか、「どこの海に遊びにいってやろうか」とか思いながら、（幣《ぬさ》を左右に振《ふ》るしぐさをしながら）こうやってる神主さんとかさあ。

『公開霊言 老子の復活・荘子の本心』（幸福の科学出版）

あとは、怠け者のお寺の坊さん。生臭坊主《なまぐさぼうず》だな。法事のときだけ、それらしく読経《どきょう》して、それ以外のところでは、ちゃっかりと現代服を着て遊びに出掛《でか》けていくような坊さんたち。

竹内　うーん。

木村拓哉守護霊　まあ、こういう〝あれ〟かなあ。例えば、法事をやったあとに、「この厄《やく》を祓《はら》わなければいかん」とか言って、マイクを握《にぎ》って、歌を歌って騒《さわ》ぐ。そんな現代風の坊さんとかな。そんなような、ちょっと、はぐれたやつが多いなあ。

竹内　一遍《いっぺん》さんとか……。

木村拓哉守護霊　一遍さんときたか。うーん。

竹内　もしくは、親鸞《しんらん》とか……。

木村拓哉守護霊　いやあ、ちょっと、それは、勘弁《かんべん》してよ。

竹内　違《ちが》いますか。

木村拓哉守護霊　そこまで……。

竹内　では、基本的には、「老荘思想」ですか。

木村拓哉守護霊　いやあ、老荘かどうか分かんないけど……。だから、「あんまり真面目《まじめ》じゃねえ」って言ってんだよね。宗教界として見たらね、〝真面目じゃない宗教界〟だ。

さっき、創価学会《そうかがっかい》がどうのこうの言ったけども、創価学会が真面目か真面目でないか、俺には、よく分かんないんだけど。

まあ、利害関係のある人が近くにいることはいるので（笑）、言葉は慎《つつし》まなければいけないな。

ええ、「みなさん。いつも応援《おうえん》いただいて、（お辞儀《じぎ》をしながら）ありがとうございます」ということを前置きにしておきながら言わせていただくとすると、まあ、はっきり言って、〝軍隊蟻《あり》〟みたいな宗教だよな。

そういう意味では、あのなかに入り切れない部分を、自分としては感じている。

数がいるし、芸能活動をいろいろ支援なさっていて、ＳＭＡＰも助かってるところはあるんだけど、俺自身は、どっちかといったら、自由人のほうなんでね。へそ曲がりの自由人だから、あんまり組織立った行動を、カチッとやるのは、そんなに向いてないんだよな。「ほんとは、個人でやってもいいタイプの人間が、今、チームを組んでやってる」っていう感じかなあ。

芸能系は、そういう、個性の強い人も多いとは思うんだけどねえ。

13 「ジャニーズ」のブランド戦略とは

ジャニーズ事務所の「ブランド戦略」「イメージ戦略」に迫《せま》る

竹内　ついでに伺《うかが》いたいのですが、今、ジャニーズ事務所が、日本のなかで、すごい影響力《えいきょうりょく》を持っていて……。

木村拓哉守護霊　ああ。ジャニーズねえ。

竹内　長い間、「SMAP」をはじめ、「V6《ブイシックス》」「嵐《あらし》」と、ずっと人気グループを輩出《はいしゅつ》してきているのですけれども……。

（他の質問者に）最近は、何でしたでしょう？

南無原・三宅 「キスマイ（Kis《キス》-My《マイ》-Ft2《フットツー》）」です。

竹内 「キスマイ」というのですか（笑）。あとは、「関《かん》ジャニ∞《エイト》」など……。

やはり、何か霊的《れいてき》なパワーがないと、ここまで、日本に影響を与《あた》えられないと思うのですけれども、ジャニーズ事務所とは、どのような組織なのでしょうか。

木村拓哉守護霊 まあ、現代的なものだから、「霊界《れいかい》の秘密」っていうようなので言えるものではないかもしれないねえ。

あれはあれで、現代に幾《いく》つかある、いわゆる「ブランド戦略」なんだと思うんだよね。

要するに、ブランドをつくっているわけだ。例えば、食べ物のブランドもあるし、ファッションのブランドもあるし、いろいろブランドがあると思うんだけど、そういうふうに、「芸能界のブランドづくり」をしようとしている人が、経営してるんだろうとは思うねえ。

あるいは、俺《オレ》たちのような、一種の成功モデルをつくって、さらに、似たような成功モデルをつくっていき、一種の「イメージ戦略」を図《はか》っているんだろうと思う。

確かに、踊《おど》りとかについては、もちろん、いろいろ厳しい指導もあるし、妙《みょう》な戒律《かいりつ》みたいなものも、ちょっとあることはあるけどね。

変に、スキャンダルみたいなのを出さないように、ちょっと厳しい締《し》め付けとか、口外《こうがい》しちゃいかんこととか、いろいろあるので。

宗教的と言えば、そういう戒律っぽいものがあることはあるので、そういうところがあるかもしれない。

人を楽しませる職業って、意外に、自分に対してストイックでなきゃいけない面もあることはあるんでね。

だから、俺みたいに、「自己流」っていうのもあるけど、自己流ではあるけども、堕落《だらく》の極《きわ》みまでは行ってはいけないんだよね。それは駄目《だめ》なんだよ。あまり、巷《ちまた》で堕落してしまっては駄目なんで。

自己流でもいいんだけど、自己流のなかに、ちょっとした……、何て言うかなあ。「自律心《じりつしん》」っていうかなあ、そういうものは要求されるし、自律心のない人に対しては、他律をかけてくる。ジャニーズでは、「ここは、外さないようにしなさい」っていうような指導があるわなあ。

それから、ブランドのイメージを落とすようなことをさせないように、メンバーを指導しているよな。「『ジャニーズのメンバーが、こういうことをしている』

と知られて困るようなことはしない」とかね。

例えば、「ジャニーズのメンバーだ」と言って、村祭りで、飛び込《こ》みで歌ったりするようなことは恥《は》ずかしいことですよね。そういうことは、絶対にやっちゃならんことだと思うね。

要するに、「ジャニーズの名前を、退廃《たいはい》的なものや、風俗《ふうぞく》的なもの、あまりにも好みがはっきり分かれるようなもの、色が付きすぎるようなものに使わないように」っていう締《し》め上げは、あるんじゃないかねえ。

だから、これは、ある種の「ブランド戦略」だとは思うよ。ティファニーだとか、ブルガリだとか、カルティエだとか、いろいろなブランドがあるように、一種のブランドをつくっているんだと思うんだよね。

そこの店で売ってるもので、例えば、カルティエならカルティエを着けていると、やっぱり、自分で自己認識して着けてるでしょ？　だから、そういう感じで。

ジャニーズならジャニーズに所属している者らしい雰囲気《ふんいき》が見えるように、ちょっと、そういう感じをつくってるんじゃないかな。

「新しい竜宮界《りゅうぐうかい》」を目指しているジャニーズ

竹内　「ジャニーズ・ブランドをつくるコツ」というか、「秘訣《ひけつ》」は、何なのでしょうか。

木村拓哉守護霊　一つは、「プライド」だと思うなあ。やっぱり、プライドは刻《こく》印《いん》してくるねえ。やや早いうちから、このプライドを植えつけてくる。「ジャニーズの一員としてのプライドを守らずに、その誇《ほこ》りを失ったら、もう、そこで脱《だっ》落《らく》したんだ」という言い方をするね。

そういう「誇り」みたいなものを、みんな持たされるので、それを、「なかから出ているオーラだ」と勘違《かんちが》いする人もいるんじゃないかな。
それと、歌とか、踊りとかには、ほかのところに比べると、ややキレがあるんじゃないかねえ。そんな感じがちょっとするんだけど、どうかな？　それは、ちょっと、俺には分かんないけど。やっぱり、踊りとかには、少しキレがあるんじゃないかねえ。

竹内　美しいと思いますね。ジャニーズでは独特のダンスの仕方があって、あれが、若い人の心を捉《とら》えていると思います。

木村拓哉守護霊　だから、ある意味では……、まあ、あなたが訊《き》きたかったのは、これだろうと思うけど、「新しい竜宮界《りゅうぐうかい》をつくりたい」と思ってるのかもしれないしね。

踊りといっても、ディズニー的なものとは、ちょっと違うでしょ？　ああいうものとは違うでしょ？　やっぱり、少し違うと思うんだよね。

『竜宮界の秘密』（幸福の科学出版）竜宮界からは、「芸能系」や「ファッション系」にインスピレーションが降ろされている。

14 キムタクの「過去世《かこぜ》」は？

魂《たましい》のきょうだいのなかには「日本神道《しんとう》系の姫《ひめ》」もいる

南無原　木村さんご自身には、「老荘《ろうそう》の世界」以外に、例えば、「美の世界」や、それこそ「竜宮《りゅうぐう》の世界」などとのつながりはあるのですか？

木村拓哉守護霊　そらあ、俺《オレ》にだって、魂《たましい》のきょうだいには女性もいるからさあ。それは、あんた（南無原）と競《せ》り合うぐらいの人がいないわけじゃないからねえ。

南無原　魂のきょうだいのなかに、「女性の魂」もいらっしゃるのですか。

木村拓哉守護霊　それは、いるよねえ。「女性に化《ば》けろ」と言われれば、昔だったら、十分、女形《おやま》ができると思うよ。（竹内を指して）あんたもできそうだけど、俺もできると思うよ。

竹内　具体的には、どのような方ですか。

木村拓哉守護霊　「具体的に、どんな方か」って、まあ……、日本で言やあ、「何とか姫《ひめ》」っていうような、そんな人がいるんじゃないかとは思うけどね。

三宅　例えば、豊玉姫《とよたまひめ》など、そういう……。

木村拓哉守護霊　そんな、メジャーではないかもしれないけど……。

あんた（南無原）も、何とか姫じゃなかったっけねえ？（注。過去の霊言《れいげん》で、南無原の過去世《かこぜ》の一つは衣通姫《そとおりひめ》であることが判明している。『ナイチンゲールの真実』〔幸福の科学出版刊〕参照）それほどメジャーじゃないかもしれないけど、名前が出てくるぐらいの姫はいるね。

昔は、偉《えら》い人と結婚《けっこん》したら、姫になって、名前が遺《のこ》ることになってるから、そういうのではあるかなあ。

うーん……。須勢理姫《すせりびめ》っていう名前があるかなあ。なんか、そんな名前の人がいたと思うけど……。

須勢理姫は、日本神話に登場する女神であり、須佐之男命の娘にして、大国主命の正妻。須佐之男命から与えられた数々の試練を、大国主命は須勢理姫の陰ながらのサポートにより克服し、やがては国造りを成功させた（右奥が須勢理姫）。

南無原　大国主命《おおくにぬしのみこと》とご縁《えん》のある方でしたでしょうか。

木村拓哉守護霊　ああ、そうだったかなあ。そのあたりでいたかなあ。何か出てきたような気がする。そういう名前の人がいるような気が、すごくするがなあ。

南無原　すごく有名な方ですね。

木村拓哉守護霊　だから、そういう人っていうのは、昔なりに、ある程度、躾《しつ》けられていて、「作法《さほう》」とか、「踊《おど》り」とか、「歌」とか、いろいろできたんじゃないかな。

そういうものが入ってるのかなあ。

南無原　では、日本神道《しんとう》系の魂もお持ちであるということですね。

木村拓哉守護霊　うん。

過去には、「画家の転生《てんしょう》」や「音楽の趣味《しゅみ》」もあった

木村拓哉守護霊　アーティストとしては、なんか、画家みたいな人がいるような気がするがねえ。だけど、これは日本人じゃないような……。

三宅　ルネサンスのころでしょうか。あるいは、スペインなどですか。

木村拓哉守護霊　ルネサンスかなあ？　ちょっと分からないけど、なんか、フラ

ンス関係のような気がするんだけどなあ。

三宅　モネとか、ルノワールとか……。

木村拓哉守護霊　いやあ、そんな（笑）。そこまでいったら、俺は、画家をするよ。今の職業より、たぶん、そちらのほうが儲《もう》かるからね（会場笑）。モネとか、そこまでいくなら（笑）、そっちで描くよ。

三宅　モンマルトルとか、あの辺りの……。

モンマルトルは、パリで最も高い丘であり、パリ市街を見渡すことができる。19世紀の半ばごろから芸術家たちが移り住み始め、やがては、モネやルノワール、ピカソらが多くの作品を残した。

木村拓哉守護霊　まあ、なんか、そのへんに集《つど》ってた画家仲間の一人かなんかには、いたんじゃないかなあと思うけどなあ。

あとは、ちょっと、音楽趣味《しゅみ》もあったにはあったと思うけどね。たぶん、絵だけじゃなくて、音楽の趣味もあったんじゃないかなあ。

三宅　音楽のほうは、最近ですか。

木村拓哉守護霊　うーん、どうかねえ。分かんないけどねえ。

まあ……、根掘《ねほ》り葉掘り訊《き》いてくるなあ（会場笑）。うるせえなあ、ここは。「世界のキムタク」にまで行ったら、言ってやるよ。まだ、「日本のキムタク」だからな。

なかなか過去世《かこぜ》を明かさない木村拓哉守護霊

南無原　例えば、魂の転生《てんしょう》のなかで、ギリシャとか……。

木村拓哉守護霊　ああ、ずっと昔？

南無原　ええ。ずっと昔のご記憶《きおく》は、どうでしょうか。

木村拓哉守護霊　そこまで入ると、なんか、幸福の科学の信者と間違《まちが》われるから、あまり言うと、まずいんじゃないかなあ。

竹内　それは、「近いところにいた」ということですか。

木村拓哉守護霊　え？

竹内　「幸福の科学に関係がある人の近くにいた」ということですか。

木村拓哉守護霊　いや、そういう意味じゃなくて、あんたがた、転生輪廻《てんしょうりんね》がとっても好きじゃん。いつも、生まれ変わりばっかり言ってんじゃん。ねえ？（過去世《かこぜ》については）キリスト教も言わないし、ほかの仏教だって、分からないから、あんまり言わないので、生まれ変わりばっかり言うと、「幸福の科学じゃないか」と思われるからさあ。

竹内　霊言に登場される方は、みなさん、おっしゃっていますので……。

木村拓哉守護霊　ああ、そう？

竹内　ええ。

木村拓哉守護霊　ふーん……。じゃあ、ギリシャでもいいけど、いちばんかっこいい人を探してくれれば、それが俺だよ、きっと。

竹内　いつぐらいの時代ですか。

木村拓哉守護霊　いちばんかっこいい人って、誰《だれ》だ？　ヘラクレスかね？　そんなことないか（会場笑）。

竹内　（笑）ちょっと、イメージが違うかもしれません。

木村拓哉守護霊　カブトムシに、ヘラクレスオオカブトっていうのがいたね（会場笑）。

竹内　ギリシャ神話に出てくる方なのですか。

木村拓哉守護霊　もう、勘弁《かんべん》してよ！　あんたがたが、有名人を好きなのも分かるけどさあ。俺は、今の有名人を目指してはいるけど、〝昔の有名人〟を目指してるわけじゃないのでね。「過去を振《ふ》り向かない男」なんだよ。だから、もう勘弁してくれよ。そのへんは、もう、いいじゃないか。

竹内　では、それ以外ではいかがですか。どこの国でも結構ですから、お名前が遺っている方で、今、思い出せる過去世の記憶はございますか。

木村拓哉守護霊　いや、もう忘れた！　もう忘れた。もう忘れた。忘れた。

竹内　本当ですか（苦笑）？

木村拓哉守護霊　俺は、未来に生きる。未来に生きると決めた。

竹内　（笑）

いつの時代も、「楽をして食っていける方法」を考えている

竹内　いちおう、菅野美穂《かんのみほ》さんは、ギリシャにも、インドにも生まれていたり……。

木村拓哉守護霊　あれは、ちょっと違うよ。別格だよ。なんか怪《あや》しいよ。

竹内　怪しい？

木村拓哉守護霊　怪しい能力を持ってる。俺は、別に、宗教家じゃないからね。

竹内　魂的には、どういう魂なのですか。

木村拓哉守護霊　いつの時代も、「楽をして食っていける方法は何か」っていうことを考えてる人間だからさあ。だから、〝有名税〟で飯《めし》が食っていけるような、そういうのを考えてるのかも……。

竹内　ディオゲネスとかは……（笑）。

木村拓哉守護霊　（苦笑）あんたねえ、ちょっとねえ、少ない知識のなかで頑張《がんば》りすぎてるよ。

●ディオゲネス　古代ギリシャの哲学者。世俗の権威を否定し、一切の物質的な虚飾を排し、最小限の必需品だけで生きる自然状態を人間にとっての最高の幸福とした。大樽を住処にしていたため、「樽のディオゲネス」といわれた。

竹内　（笑）

木村拓哉守護霊　ああいう人は汚《きたな》いよ。美しくないよ。

竹内　（笑）そうですね。

では、荘子《そうし》様や老子《ろうし》様とは、ご縁があるのですか。

木村拓哉守護霊　ああ。まあ、霊界《れいかい》では知ってるけどね。霊界では、ちょっとは知ってるけどねえ。

うーん。でも、客観的に今、俺は、「仕事」という意味では、よく働いていると思うんだよ。

竹内　ええ、大活躍《だいかつやく》といいますか……。

木村拓哉守護霊　本来は、ずぼらだけど、「仕事」としては、働いてると思うよ。

竹内　そうですね。

木村拓哉守護霊　早く金を稼《かせ》いで、引退しようと思ってるからさあ。「遊んで暮らせたらいいなあ」とは思ってるんだけどねえ。
ただ、家族もあるからさ。いつまでも働かなきゃいかんから、「年を取ったキムタクをやるのは嫌《いや》だなあ」と思いつつ、やらなきゃいけないかなあ。
田村正和《たむらまさかず》みたいに、「六十代でも、恋《こい》をするような役」ができるかなあ？

竹内　できると思います。

木村拓哉守護霊　できるかなあ？　それなら、まだ、もうちょっと、できるな。二十年はいけるなあ。

「グループのファン」をまとめてつかむという〝マスＰＲ戦略〟

竹内　やはり、過去世は、なかなか言えない感じでしょうか。

木村拓哉守護霊　君ねえ、日本人は、何人いると思ってるのよ。ええ？　日本人は、一億二千数百万人いるんだろう？

竹内　はい。

「早く金を稼《かせ》いで、
引退しようと思ってるからさあ。
「遊んで暮らせたらいいなあ」とは
思ってるんだけどねえ。田村正和《たむらまさかず》みたいに、
「六十代でも、恋《こい》をするような役」が
できるかなあ？」

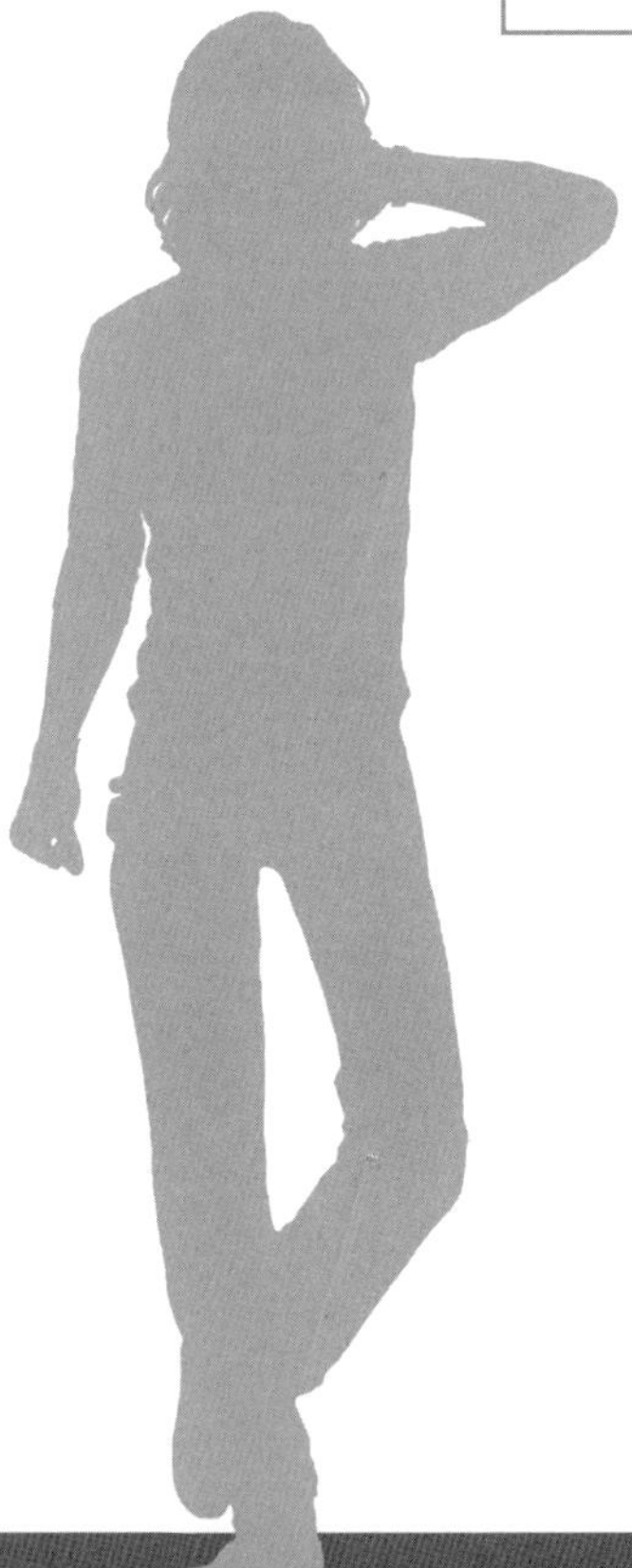

木村拓哉守護霊　それに全部、過去世をつけてやるのかよ。

竹内　いや、そういうわけではないですけれども（笑）、真実がありましたら……。

木村拓哉守護霊　大変なんだからさあ。

竹内　ええ。

木村拓哉守護霊　「五人でグループを組んでやってる」っていうことは、「まだ、一人で生きていけるほどには完成していない」っていうことなんだからさあ。

だから、俺なんかより、ディカプリオのほうが、一人でやってる分だけまだ偉いよなあ。最近は、退廃《たいはい》的な作品に出ることが多いようだけども（苦笑）、まだ一人でやれるだけ偉いよ。

俺なんか、まだグループを組んでいるけど、「これは、〝共済組合《きょうさいくみあい》〟なんだ」って、何度も何度も言ってるじゃない？

俺たちも、そんなに自分の才能に自信があるわけじゃないんで、誰かが駄目《だめ》になったとき、誰かがカバーしてくれるのさ。

そういうことで、まあ、いろいろな好みがあるし、いろいろなタイプの人がいるからさ。「いろいろなタイプをたくさん引き寄せて集めれば、ファンが増える」っていう構造を狙《ねら》っての、〝あれ〟だから。

ある意味では、「ＡＫＢ48」とかさあ、ＡＫＢの前は……。

竹内　「モーニング娘《むすめ》。」ですか。

木村拓哉守護霊　うん。「モーニング娘。」とか、たくさんあったけど、もしかしたら、あんなののもとは、俺らかもしれないからさあ。五人の数が増えただけであって、そうかもしれないから。

要するに、いろいろな人を出して、それぞれの人にファンを付け、それをまとめて、「全部、ファン」ということにしてるわけだからさあ。「グループのファン」ということにして、集めてるんでしょう？

これは何て言うの？　一種の、〝マスPR戦略〞なんだと思うんだよな。

竹内　分かりました。

15　今後の展望と、ファンへのメッセージ

自己流を貫《つらぬ》くために必要な「ハチミツの部分」

竹内　では、ファンの方々へのメッセージと、木村さんの今後の展望について、教えていただけますでしょうか。

木村拓哉守護霊　うーん……。基本的には、あんまり、俺《オレ》のまねはしないほうがいいと思うよ。ただ、「複雑《ふくざつ》な、細かい芸ができない人でも、スターになれるチャンスがあるんだ」ということを知っておいてもらいたい。そのなかに、「キムタク流」っていうのが、もう一つあるんだ、と。

「自分が自分を演じる」ということで済ませてしまい、それを貫《つらぬ》いてるうちに、周りが認めてくれるっていうか……。

「あの人は、何をやっても『キムタク』にしかすぎない。武蔵《むさし》をやろうが、アンドロイドをやろうが、キムタクはキムタクだけど、アンドロイドであると見てあげなきゃいけないんだ」「この人は、未来ロボットを演じているつもりなんだな。気の毒だから、未来ロボットだと見てやろう」と思って、観《み》る人のほうが同情し、「未来ロボット」だと見てくれる。

あるいは、観るほうに、「武蔵には見えないけどども、剣豪《けんごう》だと見てあげよう。よく二本の刀を振《ふ》り回したね」というふうな気持ちを起こさせる。

そういう意味で、「自己流」なんだけども、周りを誘《さそ》い込《こ》み、甘《あま》えの部分を引きずり出してくるところがある。これは、「蜜《みつ》」の部分だよな。

「みつ」っていうのは、秘密の「密」じゃなくて、ハチミツの「蜜」だ。ハチミツの「蜜」みたいに、蝶《ちょう》とか蜂とかを集めるものを、花のなかに持っていなければいけないと思うんだな。

俺のなかには、そういう、「甘い蜜」があるんだ。自己流なんだけど、蝶々とか蜂とかを集める蜜があるんだと思うね。この部分が大事なんで。

だから、細かい、上手な演技ができない人は、自己流でもいいから、自己流を貫くなかに、「人を誘い込むような、何か、ハチミツに当たるようなもの」を、自分自身で見つけなきゃいけないんじゃないかなあ。そう思うんだよね。

キムタクが持つ「蜜《みつ》の部分」とは何か

木村拓哉守護霊　例えば、俺の「ハチミツ」は何かっていうと、先ほど、「鏡の部屋」っていう話もされたけども、まあ、真実については語れないが、「そういう鏡の部屋のなかに住んでいるんじゃないか」と思われるような、そういう、

〝ナルシスト〟に見える部分だよね。これが、ある種の「ハチミツ」なんだろうと思うんだよな。

人間、誰《だれ》しも、ナルシストの傾向《けいこう》を持ってるんだよね。「自分に惚《ほ》れたい」っていう気持ちを持ってる。

君（竹内）だって、今日は、ピンクのネクタイをしている。こっちのおじさん（三宅）も……、おじさんじゃないのかもしれないけども（笑）、ピンクの何か（ポケットチーフ）を胸ポケットに入れてる。入れる必要はないと思うんだけど、入れてきてる（会場笑）。

前の人（南無原）は、サービスで、胸をちょっとだけ広げてくれてる。もうちょっと広げて、あと、二センチか三センチぐらい開けてくれると、俺、もう、話ができなくなる寸前だから。こちらの人のほうが、うちのよりも大きいかもしれないんで、気になってしょうがない（会場笑）。

「細かい、上手な演技ができない人は、
自己流でもいいから、自己流を貫《つらぬ》くなかに、
「人を誘《さそ》い込《こ》むような、
何か、ハチミツに当たるようなもの」を、
自分自身で見つけなきゃ
いけないいんじゃないかなあ。」

サイズは訊《き》かないことにするけど、当てようか？　まあ、いいや。もうやめよう。やっぱり、やめよう（会場笑）。これは、品性に欠けるし、会社の方針に合わないから、やめよう。やめることにする。うん。

（南無原に）……九十を超《こ》えてるだろう？　うん？

南無原　（苦笑）

木村拓哉守護霊　まあ、いいや（笑）。いや、これは、なしにする（会場笑）。えーっとだねえ、何が言いたいかというと……、ああ！「人を吸い寄せる蜜《みつ》」だ！

あなたは、今日は、そのピンクのネクタイで人を吸い寄せようとした。あなたは、胸をちょっと開けて吸い寄せようとした。あなたは、そのピンクの何かを差し込んでやってきた。それぞれ、みんな、蜜を持っている。

この人（大川隆法）は、ジーパンを穿《は》いて、人を吸い寄せようとした。

ただ、これは、周りの考えが甘いと思うんだよな。これからのキムタクは、高級志向なんですよ。

竹内　（笑）

木村拓哉守護霊　やっぱり、「ジーパンで、キムタクを表現しよう」なんていうのは、ちょっと甘いんじゃないかなあ？　「キムタクには、まだ手が出なくて、これから欲《ほ》しくなるようなものを着せて、出す」ぐらいのサービス心があってもいいんじゃないかなあ。そう思うんだけど、どうだろうかねえ。

まあ、とにかく、自己流を貫くのなら、何らかの「蜜の部分」、「ハチミツの部分」が要《い》ると思うよ。それを常に考えておくことは、大事なのかなと。

俺の場合は、〝ナルシスト〟の部分が、実は「蜜」になっている。ある意味で、ほかの人ができないことをやっているというところが、蜜なんじゃないかなと思うね。

木村拓哉守護霊からファンへのメッセージ

竹内　最後に、短くでよいのですが、木村さんのファンの方へ、メッセージを一《ひと》言《こと》頂けますか。

木村拓哉守護霊　もう、年を取ったので、先は長くない。これから、お父さん役や年寄り役をやるようになると思うが、見てる人も一緒《いっしょ》に年を取っているから、離《はな》れないで、頑張《がんば》ってついてきてくださいね。

年寄り役のキムタクって、面白《おもしろ》いかもしれないじゃないですか。ねえ？　そのへんを忘れないで、ついてきてくれたら、ありがたいねえ。

うーん。そういうところですかね。

竹内　はい。分かりました。

今日は、数々のアドバイスを、ありがとうございました。

木村拓哉守護霊　じゃあ、どうも。ありがとう。

「もう、年を取ったので、先は長くない。
これから、お父さん役や
年寄り役をやるようになると思うが、
見てる人も一緒《いっしょ》に年を取っているから、
離《はな》れないで、頑張《がんば》ってついてきてくださいね。」

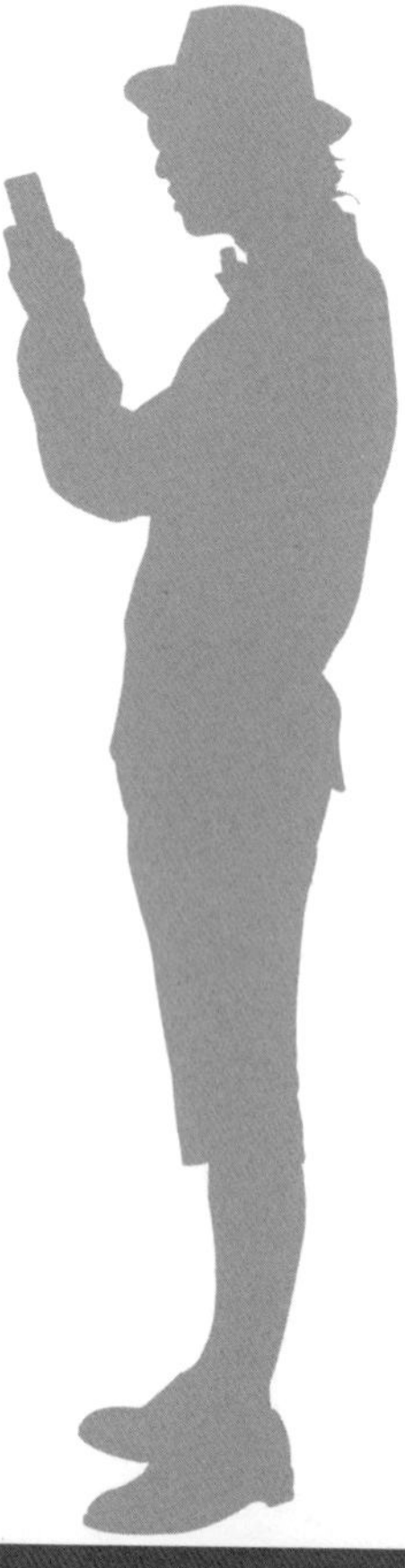

16　木村拓哉の守護霊トークを終えて

関心を向けたら、関心を示してくれる人がいる

大川隆法　（手を二回叩《たた》く）
若干《じゃっかん》、私には厳しいテーマではあったのですが、ニーズがあるのでやってみました。
ただ、当会も今、世間《せけん》の目とか、多くの人の人気とか、成功の秘密とか、このようなものを、探《さぐ》っているところです。また、こちらが鑑定《かんてい》して、ある程度、「こういうものはいいのではないか」と見たものに対しては、賛同してくれている人が増えてきつつあるのです。そういう研究の姿勢を持っていることが大事な

のではないでしょうか。

したがって、こういうスターにも関心を向ける姿勢を持つことによって、似た傾向《けいこう》のある人たちも集まってくるのではないかと思います。

当会は、実写映画も少しはありますが、アニメ映画を多くつくっています（注。一九九四年以来、大川隆法製作総指揮の全国公開の映画を、アニメ映画六作品、実写映画二作品製作している）。つまり、パワーのある超《ちょう》一流の人を集めるだけの力がまだないので、それほど実写映画をつくれないでいるわけです。

ただ、こちらが関心を持っているということを発信していれば、「出る場所があるのでしたら」「そういうことに理解があるのでしたら」ということで、宗教に染まる、染まらないは別に、出場所があると思って来てくださる人もいるのではないでしょうか。こちらが関心を向けてあげれば、反応してくれる人はいるのではないかと思います。

やはり、私たちの団体は、「やたらと本を読ませる、難しい団体だ」というイメージもあるのです。

「そんなに本を読めないよ」という人が、「入る資格がないのではないか」と思って、やや遠巻きに見ているところもあるので、「多くの人たちと触《ふ》れ合いたい」という気持ちを持っているところも、こちらからお見せすることが大事であると思います。おそらく、これは、政治のほうにも同じようについてくるテーマではないでしょうか。

それでは以上とします。

あとがき

〝素《す》〟のままで通すというのもなかなか難しいことだろう。若い世代から次々と挑戦を受けつつも、宮本武蔵のように斬《き》り倒していくのもそう簡単ではあるまい。

当会にも〝スター養成部〟があるので、私も責任上、歌手・俳優・タレントで才能のありそうな人には注目して観続《みつづ》けている。自分自身、映画も今、九作目を創っている。だから、宗教にも芸術性や美的センスは必要だと思っている。

私自身多くの人々に見られる仕事をしているので、表情や声の出し方、服装、体調管理まで大変気にしている。一年中、室温調節や湿度調節にも過敏である。海外でのテレビ放映まで含めると、私の一本の講演が数千万人から三億人ぐらいに、ほぼ同時期に見られ、聴かれることもある。台本も原稿もリハーサルもない真剣勝負を、日本語か英語の説法でやっている。

やはりトップスターから学ぶべきことが多いなあ、と痛感する今日この頃である。

二〇一四年　六月二十四日

幸福《こうふく》の科学《かがく》グループ創始者兼総裁《そうししゃけんそうさい》　大川隆法《おおかわりゅうほう》

『俳優・木村拓哉の守護霊トーク「俺が時代を創る理由」』大川隆法著作関連書籍

『魅せる技術——女優・菅野美穂 守護霊メッセージ——』（幸福の科学出版刊）
『堺雅人の守護霊が語る 誰も知らない「人気絶頂男の秘密」』（同右）
『宇宙からのメッセージ』（同右）
『公開霊言 老子の復活・荘子の本心』（同右）
『竜宮界の秘密』（同右）
『ナイチンゲールの真実』（同右）

俳優《はいゆう》・木村拓哉《きむらたくや》の守護霊《しゅごれい》トーク
「俺《オレ》が時代《トレンド》を創《つく》る理由《わけ》」

2014年7月7日　初版第1刷

著　者　　大《おお》川《かわ》隆《りゅう》法《ほう》

発行所　　幸福の科学出版株式会社
〒107-0052 東京都港区赤坂2丁目10番14号
TEL(03)5573-7700
http://www.irhpress.co.jp/

印刷・製本　株式会社 東京研文社

落丁・乱丁本はおとりかえいたします

ISBN978-4-86395-496-0 C0076

大川隆法 霊言シリーズ・人気の秘密に迫る

魅せる技術

女優・菅野美穂 守護霊メッセージ

どんな役も変幻自在に演じる演技派女優・菅野美穂——。人を惹きつける秘訣や堺雅人との結婚秘話など、その知られざる素顔を守護霊が明かす。

1,400円

堺雅人の守護霊が語る 誰も知らない 「人気絶頂男の秘密」

個性的な脇役から空前の大ヒットドラマの主役への躍進。いま話題の人気俳優・堺雅人の素顔に迫る110分間の守護霊インタビュー!

1,400円

AKB48 ヒットの秘密

マーケティングの天才・秋元康に学ぶ

放送作家、作詞家、音楽プロデューサー。30年の長きに渡り、芸能界で成功し続ける秘密はどこにあるのか。前田敦子守護霊の言葉も収録。

1,400円

※表示価格は本体価格(税別)です。

大川隆法 霊言シリーズ・最新刊

幻解ファイル=限界ファウル「それでも超常現象は存在する」

超常現象を否定するＮＨＫへの〝ご進講②〟

心霊現象を否定するNHKこそ非科学的!? タイムスリップ・リーディングで明らかになった４人のスピリチュアル体験の「衝撃の真実」とは！

1,400円

NHK「幻解！超常ファイル」は本当か

ナビゲーター・栗山千明の守護霊インタビュー

ＮＨＫはなぜ超常現象を否定する番組を放送するのか。ナビゲーター・栗山千明氏の本心と、番組プロデューサーの「隠された制作意図」に迫る！

1,400円

天に誓って「南京大虐殺」はあったのか

『ザ・レイプ・オブ・南京』著者 アイリス・チャンの霊言

謎の死から10年、ついに明かされた執筆の背景と、良心の呵責、そして、日本人への涙の謝罪。「南京大虐殺」論争に終止符を打つ一冊！

1,400円

幸福の科学出版

勇気の法

熱血 火の如くあれ

力強い言葉の数々が、心のなかの勇気を呼び起こし、未来を自らの手でつかみとる力が湧いてくる。挫折や人間関係に悩む人へ贈る情熱の書。

1,800円

常勝思考

人生に敗北などないのだ。

あらゆる困難を成長の糧とする常勝思考の持ち主にとって、人生はまさにチャンスの連続である。人生に勝利せんとする人の必読書。

1,456円

Think Big!

未来を拓く挑戦者たちへ

できない言い訳よりも、できる可能性を探すことに、人生を賭けてみないか――。人生を切り拓くための青春の指針。

1,500円

幸福の科学グループのご案内

宗教、教育、政治、出版などの活動を通じて、地球的ユートピアの実現を目指しています。

宗教法人　幸福の科学

一九八六年に立宗。一九九一年に宗教法人格を取得。信仰の対象は、地球系霊団の最高大霊、主エル・カンターレ。世界百カ国以上の国々に信者を持ち、全人類救済という尊い使命のもと、信者は、「愛」と「悟り」と「ユートピア建設」の教えの実践、伝道に励んでいます。

（二〇一四年六月現在）

愛

幸福の科学の「愛」とは、与える愛です。これは、仏教の慈悲《じひ》や布施《ふせ》の精神と同じことです。信者は、仏法真理をお伝えすることを通して、多くの方に幸福な人生を送っていただくための活動に励んでいます。

悟り

「悟り」とは、自らが仏の子であることを知るということです。教学《きょうがく》や精神統一によって心を磨き、智慧《ちえ》を得て悩みを解決すると共に、天使・菩薩《ぼさつ》の境地を目指し、より多くの人を救える力を身につけていきます。

ユートピア建設

私たち人間は、地上に理想世界を建設するという尊い使命を持って生まれてきています。社会の悪を押しとどめ、善を推し進めるために、信者はさまざまな活動に積極的に参加しています。

国内外の世界で貧困や災害、心の病で苦しんでいる人々に対しては、現地メンバーや支援団体と連携して、物心両面にわたり、あらゆる手段で手を差し伸べています。

年間約３万人の自殺者を減らすため、全国各地で街頭キャンペーンを展開しています。

公式サイト **www.withyou-hs.net**

ヘレン・ケラーを理想として活動する、ハンディキャップを持つ方とボランティアの会です。視聴覚障害者、肢体不自由な方々に仏法真理を学んでいただくための、さまざまなサポートをしています。

公式サイト **www.helen-hs.net**

教育

学校法人 幸福の科学学園

学校法人 幸福の科学学園は、幸福の科学の教育理念のもとにつくられた教育機関です。人間にとって最も大切な宗教教育の導入を通じて精神性を高めながら、ユートピア建設に貢献する人材輩出を目指しています。

幸福の科学学園

中学校・高等学校（那須本校）
2010年4月開校・栃木県那須郡（男女共学・全寮制）
TEL **0287-75-7777**
公式サイト **happy-science.ac.jp**

関西中学校・高等学校（関西校）
2013年4月開校・滋賀県大津市（男女共学・寮及び通学）
TEL **077-573-7774**
公式サイト **kansai.happy-science.ac.jp**

幸福の科学大学（仮称・設置認可申請中）
2015年開学予定
TEL **03-6277-7248**（幸福の科学 大学準備室）
公式サイト **university.happy-science.jp**

仏法真理塾「サクセスNo.1」 TEL **03-5750-0747**（東京本校）
小・中・高校生が、信仰教育を基礎にしながら、「勉強も『心の修行』」と考えて学んでいます。

不登校児支援スクール「ネバー・マインド」 TEL **03-5750-1741**
心の面からのアプローチを重視して、不登校の子供たちを支援しています。
また、障害児支援の「**ユー・アー・エンゼル!**」運動も行っています。

エンゼルプランV TEL **03-5750-0757**
幼少時からの心の教育を大切にして、信仰をベースにした幼児教育を行っています。

シニア・プラン21 TEL **03-6384-0778**
希望に満ちた生涯現役人生のために、年齢を問わず、多くの方が学んでいます。

NPO 活動支援

学校からのいじめ追放を目指し、さまざまな社会提言をしています。また、各地でのシンポジウムや学校への啓発ポスター掲示等に取り組む一般財団法人「いじめから子供を守ろうネットワーク」を支援しています。

公式サイト **mamoro.org**
相談窓口 **TEL.03-5719-2170**
ブログ **blog.mamoro.org**

政治

幸福実現党

内《ない》憂《ゆう》外《がい》患《かん》の国難に立ち向かうべく、二〇〇九年五月に幸福実現党を立党しました。創立者である大川隆法党総裁の精神的指導のもと、宗教だけでは解決できない問題に取り組み、幸福を具体化するための力になっています。

党員の機関紙
「幸福実現NEWS」

TEL 03-6441-0754
公式サイト hr-party.jp

出版 メディア 事業

幸福の科学出版

大川隆法総裁の仏法真理の書を中心に、ビジネス、自己啓発、小説など、さまざまなジャンルの書籍・雑誌を出版しています。他にも、映画事業、文学・学術発展のための振興事業、テレビ・ラジオ番組の提供など、幸福の科学文化を広げる事業を行っています。

アー・ユー・ハッピー?
are-you-happy.com

ザ・リバティ
the-liberty.com

幸福の科学出版
TEL 03-5573-7700
公式サイト irhpress.co.jp

THE FACT

ザ・ファクト
マスコミが報道しない
「事実」を世界に伝える
ネット・オピニオン番組

Youtubeにて
随時好評配信中!

ザ・ファクト 検索

入会のご案内

あなたも、幸福の科学に集い、
ほんとうの幸福を
見つけてみませんか？

幸福の科学では、大川隆法総裁が説く仏法真理をもとに、
「どうすれば幸福になれるのか、また、
他の人を幸福にできるのか」を学び、実践しています。

入会

大川隆法総裁の教えを信じ、学ぼうとする方なら、どなたでも入会できます。入会された方には、『入会版「正心法語」』が授与されます。（入会の奉納は1,000円目安です）

ネットでも**入会**
できます。詳しくは、
下記URLへ。
happy-science.jp/joinus

三帰《さんき》誓願《せいがん》

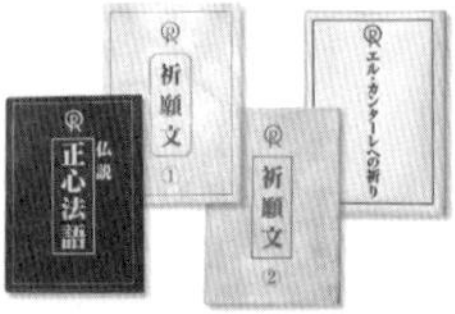

仏弟子としてさらに信仰を深めたい方は、仏・法・僧の三宝への帰依を誓う「三帰誓願式」を受けることができます。三帰誓願者には、『仏説・正心法語』『祈願文①』『祈願文②』『エル・カンターレへの祈り』が授与されます。

植福《しょくふく》の会

植福は、ユートピア建設のために、自分の富を差し出す尊い布施の行為です。布施の機会として、毎月1口1,000円からお申込みいただける、「植福の会」がございます。

「植福の会」に参加された方のうちご希望の方には、幸福の科学の小冊子（毎月1回）をお送りいたします。詳しくは、下記の電話番号までお問い合わせください。

月刊
「幸福の科学」

ザ・伝道

ヤング・ブッダ

ヘルメス・
エンゼルズ

INFORMATION	**幸福の科学サービスセンター** **TEL. 03-5793-1727**（受付時間 火～金：10～20時／土・日：10～18時） 宗教法人 幸福の科学 公式サイト **happy-science.jp**